튜링의
생각하는 기계

인공지능(AI)의 아버지에게 배우는 컴퓨터 과학의 기초

머/리/말

반갑습니다. 아베 아야메입니다. 공저자는 제 아버지로 컴퓨터 과학 연구자입니다. 수 년 전에 대학을 정년 퇴직 했시만, 아버지는 아직도 자신을 현역이라고 생각하고 있습니다. 여기에서는 그냥 타쿠 할아버지라고 불러주세요.

제가 컴퓨터 과학을 처음 접한 것은 십 수년 전의 일입니다. 대학 홍보 활동의 일환으로 어느 고등학교에 모의 강의 자료 만들기를 도우러 갔었을 때였습니다. 모의 강의는 대학 강의란 무엇인가를 홍보하기 위한 것으로 제 일은 일러스트를 그리거나 Web 사이트를 제작하는 일이었는데 일러스트가 있으면 지루하고 재미없는 강의도 어린 학생들에게 조금이나마 재미를 줄 수 있을거라 생각했던 것입니다. 그런데, 막상 자료를 만들려고 하니 내용이 전혀 이해가 되지 않았습니다.

"이 이론의 목적은 대체 무엇일까?" "이론에 목적은 없다"

"그럼, 이 이론은 어디에 쓸모가 있는 걸까?" "이론은 쓸모 없어도 괜찮아"

논의를 해도 그 교수는 전혀 개의치 않았습니다. 모의 강의는 어떻게 되었는지, 결과는 듣지 못했지만 참담했을 것이 분명합니다.

그 후, 어느 대학에서 인문계 학생들을 대상으로 출장 강의를 부탁받게 되었는데, 거기에서 강의 자료를 나누어 주더니 "수학을 전공하지 않은 사람들도 알아 볼 수 있겠는지 묻고 싶다"라는 질문을 받았습니다. 원고는 정의와 정리의 나열로 마치 전문서 같았기에 "이것은 읽고 싶지도 않다"라고 하니 "그럼 읽어 보고 싶은 마음이 생기도록 고쳐달라"는 겁니다. 그로부터 십 년. 하지만 대부분 책상 위에 놓아둘 뿐, 가끔 슬쩍 보는 정도였습니다. 그런데 최근 들어서 '수학적 사고'란 무엇인가, 일반인의 사고 방식과 수학자들의 사고 방식은 어떻게 다른가, 처음부터 컴퓨터는 사물을 생각하고 있는가 등에 대한 흥미를 가지게 되었습니다. 그러던 중 내용은 어찌되었든 튜링은 현재 컴퓨터 과학의 기초가 되는 이론을 만들어 낸 사람이라는 것을 알게 되었습니다. 이러한 경위로 이 책이 탄생되었습니다.

"어떻게 해서든지, 이러한 의미 불명의 컴퓨터 과학을 좀더 친근하게… 그리고 재미있게 알 수는 없을까?"

현재 제가 이해하고 있는 것은 우선 수학자와 일반인들은 사용하는 '언어'가 다르다는 것입니다. 일반인이 수학책 등에 읽을 마음이 생기지 않는다는 것은 이러한 요인이 크지 않을까요? 저는 10년 넘게 수학과는 인연이 없는 생활을 하고 있기 때문에 수학자의 언어를 사용할 줄 모릅니다. 그렇기 때문에 이 책에서는 저와 같이 수학과 무관한 사람도 이해할 수 있는 언어로 쓰여져 있습니다. 수학자에게 전문 분야에 대해 일반인도 이해할 수 있도록 설명해 줄 것을 요구하더라도 이를 설명하기는 쉽지 않을 것입니다. 첫째, 수학자들은 평소 익숙한 자신들의 언어를 사용하고 싶어합니다. "이 이론의 목적은 무엇인지? 목적지에 도착하면 어떤 경치가 보이는지?" 타쿠 할아버지에게 물어봐도 전문 용어로 적당히 얼버무릴 뿐입니다. 일상 언어는 부정확하고 애매모호하다고 믿고 있기 때문일지도 모릅니다. 그래서 이 책에서는 전문 용어를 일상 언어로 알기 쉽게 설명하면서 시각적으로도 이해하기 쉽도록 구성하였으며, 컴퓨터 과학의 기초 이론을 조금이라도 재미있게 학습할 수 있도록 정리하였습니다.

처음에는 전혀 납득이 되지 않았던 "이론은 목적이 없다"라는 말도 지금은 어느 정도 이해할 것 같은 생각이 듭니다. "우주의 구조는 무엇인가?"라는 물리학의 주제와 마찬가지로 "사고란 무엇인가?", "지능이란 무엇인가?"라는 것을 알려고 하는 마음은 그것만으로도 충분히 이론의 목적이라고 생각합니다. 물론 일반인은 튜링과 같이 새로운 이론을 만들어 낼 수는 없지만 새로운 것을 알고자 하는 지적 호기심은 여행을 하거나 영화를 보거나 혹은 게임을 해서 즐기는 것과 마찬가지로 인간의 본질이라고 생각합니다. 아무쪼록 이 책을 읽고 저와 같은 감정을 공유할 수 있었으면 좋겠습니다.

CONTENTS – 목차 –

Chapter 1 궁극의 인공지능과 그것을 실현하는 기계

1-1 궁극의 기계를 만들 수 있어? ········· 10
1-2 궁극의 인공지능 ········· 10
1-3 인공지능의 탄생 ~ 튜링 기계 ········· 15
1-4 현재의 컴퓨터와 수학의 역사 ········· 17
1-5 힐베르트의 10번째 문제와 튜링의 정지 문제 ········· 19
1-6 알고리즘의 한계와 수학의 발전 ········· 24
1-7 언어 분야와 컴퓨터 과학 ········· 26
1-8 이론 세계와 현실 세계 ········· 27

Chapter 2 거짓말쟁이의 역설과 대각선 논법

2-1 모순된 이야기 ········· 30
2-2 크레타 사람은 거짓말쟁이다 ········· 30
2-3 바보 개의 역설 ········· 32
2-4 귀납법(재귀법) ········· 34
2-5 마을 이발사의 역설 ········· 37

Chapter 3 수학적 귀납법과 숫자

3-1 "숫자"를 정확하게 정의하자 ········· 40
3-2 수학적 귀납법과 자연수의 공리 ········· 45
3-3 집합론으로 숫자를 생각하다 ········· 47
3-4 집합과 명제 ········· 50
3-5 숫자의 정의가 수학의 토대 ········· 53

Chapter 4 계산 모델

4-1 알고리즘과 기계 ··································· 56
4-2 알고리즘과 흐름도 ··································· 56
4-3 계수 기계와 프로그램 ··································· 57
4-4 계수 기계와 현재의 컴퓨터 ··································· 66

Chapter 5 사고를 *while* 프로그램으로 표현해 보자

5-1 기계와 프로그램 ··································· 68
5-2 프로그램의 능력과 등가성 ··································· 69
5-3 사람의 사고와 프로그램의 문장 구조 ··································· 70
5-4 *while* 프로그램의 문법 ··································· 71
5-5 일반적인 프로그램과 *while* 프로그램의 차이(등가성) ··································· 75
5-6 대입 문장 ··································· 77
5-7 절차 ··································· 80
5-8 정리 ··································· 84

Chapter 6 이론과 프로그램

6-1 기계와 함수의 등가성 ··································· 86
6-2 말이 없는 기계 ··································· 87
6-3 *while* 프로그램과 부분 함수 ··································· 88
6-4 논리식과 *while* 프로그램 ··································· 90
6-5 *if* 문장과 *while* 프로그램 ··································· 96
6-6 *while* 프로그램의 능력 ··································· 98

Chapter 7 배열과 데이터 형태

7-1 숫자의 표현 방법 ··································· 100
7-2 단진수와 d진수 ··································· 101

7-3 문자열의 취급	106
7-4 순서쌍과 유한열	108
7-5 괴델 수	110

Chapter 8 내장형 프로그램과 만능 프로그램

8-1 만능 튜링 기계	124
8-2 기계어	125
8-3 기계의 구조를 알다	126
8-4 만능 프로그램	129
8-5 세계에서 가장 간단한 컴파일러 이야기	131
8-6 가상 공간으로서의 컴퓨터	135
8-7 정리	135

Chapter 9 계산 가능성

9-1 계산 가능성의 능력	138
9-2 계산 가능성과 처치 - 튜링의 정립	138
9-3 집합의 계산 가능성	141
9-4 자연수 이외의 경우 계산 가능성(성별 판정 문제)	142
9-5 *while* 프로그램의 인식 문제	145
9-6 소수 판정 문제	146
9-7 「문제」란 자연수의 집합	147
9-8 러셀의 역설	149

Chapter 10 계산할 수 없는 문제

10-1 계산할 수 없는 문제	152
10-2 자가 진단	152
10-3 *while* 프로그램의 자기 정지 문제	155
10-4 *while* 프로그램의 정지 문제	162

10-5	정지 문제를 집합으로 나타내다	167
10-6	중단 시간 정지 문제	170
10-7	불필요한 변수와 불필요한 문장	171
10-8	정리	172

Chapter 11 튜링 기계와 계산기

11-1	자연수 이론과 언어 이론	174
11-2	오토마톤 이론과 튜링 기계	177
11-3	다(多) 테이프·튜링 기계	185
11-4	푸시다운·오토마톤(푸시다운·기계)	186
11-5	계산기 모델과 현재의 컴퓨터	188

Chapter 12 실수와 문제의 클래스

12-1	자연수와 실수	192
12-2	실수와 대각선 논법	195
12-3	계산과 수리	200
12-4	부정에 대해서	204
12-5	정리	208

Chapter 13 계산 가능성을 넘어서

13-1	개수와 농도	210
13-2	2진 소수 이야기	212
13-3	튜링이 실제로 증명한 것	218
13-4	낙관주의자와 비관주의자	222
13-5	수학의 논리 구조	224
13-6	수학 논리의 구조	232
13-7	총정리	233

이 책의 개요

현재 컴퓨터의 기초를 완성한 튜링의 수학적 모델을
풀어 가면서 컴퓨터 과학의 기초 이론을 배워갑니다.

난이도 레벨

- Chapter 1 궁극의 인공지능과 그것을 실현하는 기계
- Chapter 2 거짓말쟁이의 역설과 대각선 논법
- Chapter 3 수학적 귀납법과 숫자
- Chapter 4 계산 모델
- Chapter 5 사고를 while 프로그램으로 표현해 보자
- Chapter 6 이론과 프로그램
- Chapter 7 배열과 데이터 형태
- Chapter 8 내장형 프로그램과 만능 프로그램
- Chapter 9 계산 가능성
- Chapter 10 계산할 수 없는 문제
- Chapter 11 튜링 기계와 계산기
- Chapter 12 실수와 문제 클래스
- Chapter 13 계산 가능성을 넘어서

📖 초보 레벨
"만능 기계를 만들 수 있는가?"를 주제로 책 전체의 흐름을 집어가면서 수학 이론에서 필요한 대각선 논법과 귀납법의 원리를 배웁니다. 계수 기계라는 계산 모델에서 프로그램의 기본을 이해합니다.

🏫 고등 레벨
컴퓨터 능력의 본질에 의한 while 프로그램에 대해 배웁니다. 기계가 무엇인지, 알고리즘이 무엇인지를 이해할 수 있습니다. 또한, 어떤 프로그램도 해석할 수 있는 획기적인 만능 프로그램에 대해서도 언급합니다.

🏢 대학 레벨
모든 문제를 풀 수 있는 만능 튜링 기계도 계산할 수 없는 문제가 있을까요? 논의의 대상을 <기계>와 <문제>로 넓혀 갑니다.

🎓 대학원 레벨
현재 수학 체계에 대한 도입 부분으로 계산할 수 없는 문제의 구조에 대해 배웁니다.

컴퓨터의 구조를 이해하는 것은 계산기의 이론과 수학의 기초를 배우는 것과 같습니다.

Chapter 1 | 궁극의 인공지능과 그것을 실현하는 기계

여러분은 SF 소설 등에서 '모든 질문에 대답해 주는 기계'라는 문구를 읽어본 적이 있나요? 어떤 문제도 대답해 주는 기계의 창조는 오래 전부터 생각되어 온 주제이며, 또한 인간의 큰 꿈이기도 했습니다. 「계산하는」 기계가 탄생했을 무렵의 역사를 살펴보면서 컴퓨터의 구조와 그 능력의 가능성에 대해 생각해 보겠습니다.

1-1 궁극의 기계를 만들 수 있어?

소설 등에서 나오는 **"어떤 질문에도 대답해 주는 인공지능"** 즉 **궁극의 기계**에 대해서 생각해 본적이 있습니까? 인간은 언젠가 그런 기계를 만들 수 있을까요? 컴퓨터가 탄생했을 무렵의 역사를 살펴보면서 컴퓨터의 구조와 그 능력의 가능성에 대해서 생각해 보겠습니다.

모르는 것이 생기면 질문 하겠습니다!

그래! 편안하게 모두 질문해!

이 책은 초보자도 알기 쉽도록 정의와 정리를 반복해서 자세하게 설명하는 구조로 되어 있어. 형식 이론의 책에 익숙한 독자에게는 중복적인 내용으로 느껴지는 부분도 있을지 모르겠지만, 반복 연습이라고 생각하고 읽어주길 바래.

1-2 궁극의 인공지능

궁극의 인공지능을 가진 기계를 만들 수 있을까? 이것은 다르게 말하면 **기계의 한계를 아는 것**입니다. 기계에는 한계가 있는지, 혹시 그렇다면 그 한계는 어디까지인지를 살펴보겠습니다.

첫 번째 접근 방법으로서 **기계란 무엇인지** 기계의 개념을 명확하게 하지 않으면 안됩니다. 「기계란 무엇인가」의 경계선이 애매모호한 채로는 기계에 대한 의론을 이어갈 수 없습니다. 이러한 수학의 세계에서는 개념을 명확히 하기 위해서 <mark>정의</mark>가 많이 나옵니다. 정의하는 것으로 정의된 개념을 연구 대상으로 할 수 있게 되고, 그것이 가진 본질에 대해 더 깊이 이해를 할 수 있습니다.

또한 정의하는 것은 모든 사람에게 <mark>공통 개념</mark>이 됩니다. 어느 대상에 대한 인식이 사람에 따라 차이가 없도록 하는 것, 이것이 정의하는 것에 대한 의의이기도 합니다.

"궁극의 인공지능과 그것을 실현하는 기계"에 대해 논의하기 위한 사전 준비로서 「1. 기계란 무엇인가」, 「2. 지능이란 무엇인가」, 「3. 궁극(만능성)은 무엇인가」를 명확히 하겠습니다.

☑ 1. 기계란 무엇인가

우리 주변에는 「기계」라고 불리는 것들로 가득 차 있지만, 이 책에서 다루는 기계는 「생각하는(계산하는) 기계」입니다. 현대 사회에서 기계를 접하지 못한 사람은 없기 때문에 「기계란 이런 것이다」라고 대략적으로 파악하고 있는 사람은 많을 것입니다. 앞에서 말한 것처럼 애매모호한 이해로는 사람에 따라 기계에 대한 개념 차이가 생기므로 논의를 이어갈 수 없습니다.

이 책에서는 기계의 개념을 다음과 같이 정의하기로 합니다.

이라고 정의한다.

「질문을 하고 답변을 해주는 것」을 기계로 정의함으로써 기계의 크기와 모양, 무게 및 처리 속도 등 다양한 요소를 분리하여 생각할 수 있게 됩니다. 어떤 질문에 대해서 어떠한 대답을 해 주는 것은 모두 기계이고, 그 밖의 것은 기계가 아닙니다.

2. 지능이란 무엇인가

지능이란 넓은 의미로 해석되는 단어 중의 하나로 일상 생활에서는 애매모호한 상태로 사용되고 있는 개념입니다. 최근에는 인공지능 연구도 활발히 진행되고 있어서 지능은 인간만이 가지는 것이 아니게 되었습니다. 광범위하면 논의가 복잡해지기 때문에 여기에서는 지능에 대한 논의를 「문제가 주어 졌을 때 그 문제를 어떻게 해결하는지」로 좁혀서 생각합니다. 덧셈 문제가 주어졌을 때 기계는 어떻게 문제를 풀까요? 덧셈 문제는 「2에 3을 더하면 몇이 될까」나 「539400에 2000030를 더하면 몇이 될까」 등 무한히 존재합니다. 문제가 무한으로 있다는 것은 그 대답도 무한히 있는 것이므로 저장 영역이 유한한 기계에 미리 모든 답을 준비해 놓는 것은 불가능합니다.

모든 덧셈 문제를 풀려면 덧셈 **문제를 푸는 절차**를 기계에 가르치지 않으면 안됩니다. 이렇게 **문제를 풀어가는 절차를 알고리즘**이라고 합니다. 여기에서는 기계가 덧셈하는 것을 예로 들었지만, 사람이 덧셈을 할 때도 마찬가지입니다. 어떤 덧셈도 대답할 수가 있다는 것은 모든 문제의 해답을 기억하고 있는 것이 아니라 덧셈의 알고리즘을 알고 있기 때문입니다.

알고리즘은 인류가 숫자를 다루게 된 때부터 존재했습니다. 2천년 전 고대 그리스에서는 피타고라스와 유클리드, 아르키메데스 등의 수학자가 고도의 알고리즘을 생각해 냈고, 지금도 매년 많은 알고리즘들이 개발되고 있습니다.

이처럼 어떤 문제에 대해 해당 알고리즘을 생각하게 되는 연구의 역사는 오래되었지만, 「알고리즘이란 무엇인가」라는 **알고리즘 자체를 대상으로 한 연구**는 비교적 얼마 되지 않은 약 100년 전부터 시작되었습니다. 이것은 컴퓨터가 출현하기 직전의 일입니다.

알고리즘에 관한 이론은 현재 **"계산 이론"**이라고 일컬어시고 있습니다. 여기에서 중요한 것은 계산 이론 연구와 함께 거기에 사용된 개념과 용어가 현재 컴퓨터 과학의 원천이 된다는 것입니다. 즉, 현대 사회에서 빼놓을 수 없는 컴퓨터의 발전은 알고리즘에 관한 이론, 즉 **계산 이론**을 바탕으로 하고 있습니다.

「어떤 질문에도 대답해 줄 수 있는 인공지능, 궁극적인 기계를 만들 수 있는가」를 생각할 경우 질문이 주어 졌을 때 그 문제를 어떻게 해결하느냐, 즉 해법을 생각해야 됩니다. 다시 말하자면 문제를 푸는 순서(=알고리즘)에 대한 연구가 키 포인트입니다.

3. 궁극의 가능성이란 무엇인가

궁극이란 「더 이상 바랄 수 없는 최고의 또는 최종적인 것」이라는 의미로 사용됩니다. 한편, 만능성에는 두 가지 의미가 있습니다. 하나는 "무조건적 만능성"입니다. 이것은 말 그대로 "모든 것을 할 수 있다"는 것을 의미합니다. 또 하나는 "궁극의 만능성"으로 예를 들어 인간으로 비유하자면 "만능 인간"이란 「인간이 할 수 있는 일이라면 무엇이든 할 수 있는 인간」을 의미합니다. "만능 인간"은 "무엇이든 할 수 있는 사람"이지만 모든 인간의 능력을 뛰어 넘는 것, 예를 들어 「백두산을 무너뜨리는 일」은 할 수가 없습니다. 이 책에서는 "만능 기계"에 대해서 생각하지만 이러한 "만능"의 의미는 "궁극의 만능성"으로 「기계가 할 수 있는 일이라면 무엇이든 할 수 있는 기계」를 의미합니다.

1-3 인공지능의 탄생 ~ 튜링 기계

우리 인간은 어떤 문제에 맞닥뜨리면 뇌에서 생각을 합니다. 뇌로 생각하는 것을 「뇌」와 「생각하다」의 2가지로 나누어 봅니다. 「생각하다」의 부분, 즉 사고하는 부분은 소프트적인 면이고, 이것을 실행하는 뇌는 하드적인 면으로 사고(소프트적인 면)와 뇌(하드적인 면)가 연동하여 작용합니다. 기계가 문제를 푸는 것도 마찬가지로 어떤 질문이 주어졌을 때 「어떻게 풀 것인가 하는 알고리즘(소프트적 면)」과 그것을 「실제로 실행하는 기계 본체(하드적인 면)」가 연동되어 있습니다. 알고리즘을 실행하는 기계를 최초로 생각한 사람은 **영국의 수학자 튜링**이었습니다. 그 당시에는 컴퓨터와 휴대전화는 물론, 계산기조차 없었던 시대였습니다. 튜링이 고안해 낸 기계는 무한히 긴 1개의 테이프와 그 테이프에 쓰여진 문자를 읽고 쓰기 위한 헤드가 한 개 붙어 있는 간단한 구조였습니다. 그리고 할 수 있는 것이라고는 「헤드를 왼쪽 또는 오른쪽으로 한 칸씩 이동시키는 것」과 「테이프에 글자를 쓰는 것 그리고 문자를 읽는 것」뿐이었습니다. 단순하면서도 그때까지 아무도 생각해 내지 못한 독창적인 계산기 모델이었습니다.

튜링이 해당 기계를 논문으로 발표한 1936년 바로 다음 해에 처치라는 수학자가 이 기계에 튜링 기계라는 명칭을 붙여 지금까지도 **튜링 기계**라고 불려지고 있습니다.

튜링이 만들어낸 기계는 어느 특수한 목적으로 만들어진 기계이었지만, 그 원리는 계산의 본질을 추구한 것으로 ==현재의 컴퓨터는 원칙적으로 튜링 기계의 후손이 됩니다.== 또한, 놀랍게도 튜링 기계는 간단한 구조를 가지고 있음에도 불구하고, 현재의 컴퓨터와 비교해도 능력이 뒤쳐지지 않습니다. 지금의 컴퓨터가 할 수 있는 것들은 모두 튜링 기계로 재현이 가능합니다. 컴퓨터 개발자는 하드웨어를 어떻게 실현할 것인가에 치중하지만, 튜링 기계는 덧셈이나 곱셈과 같은 연산조차도 하드웨어 없이 소프트웨어만으로 실현이 가능하다는 것을 보여줍니다. 실제로 튜링 기계에는 하드웨어라고 할 수 있는 것이 거의 없습니다. 이것은 당시의 컴퓨터 개발자들에게 큰 영향을 주었습니다. 또한, 프로그램을 설치하면 어떤 계산도 처리할 수 있는 ==만능 튜링 기계==에 대한 발명은 그 후 컴퓨터 설계에 큰 영향을 주었습니다. 만능 튜링 기계에 대해서는 Chapter 8에서 자세히 설명하겠습니다.

튜링은 훗날, 기계와 지능에 대해 다양한 고찰을 했지만 튜링 기계가 단순한 수치를 처리하는 계산 기계를 넘어 현재의 컴퓨터처럼 "다양한 응용력을 가진 인공지능"으로 발전해 나갈 것이라고는 튜링 자신도 생각하지 못했을 것입니다.

튜링 기계는 간단한 구조이면서도 특정 알고리즘을 수행할 수 있는 만능 기계입니다. 그러나 만능하다는 것은 어떠한 것이라도 그렇지만 「만능하기 때문에 생기는 결함」을 가지고 있습니다. 이에 대해서는 Chapter 10에서 자세하게 설명하겠습니다.

1-4 현재의 컴퓨터와 수학의 역사

나아가 기계의 역사에 대해서 알아보겠습니다. 튜링이 튜링 기계라는 계산 모델을 발표한 것은 1930년대로 지금부터 약 100년 전입니다. 튜링은 「알고리즘이란 무엇인가」, 「계산이란 무엇인가」를 추구했지만 당시에는 「수학이란 무엇인가」, 「논리란 무엇인가」와 같은 수학 자체를 공식화하려는 연구가 활발히 이루어지고 있었습니다. 이 중에는 「자연수란 무엇인가」, 「숫자란 무엇인가」, 「무한이란 무엇인가」, 「집합이란 무엇인가」 … 등 수학의 기본적인 문제가 내재되어 있었습니다. 「알고리즘을 어떻게 표현하면 좋을까」라는 문제는 「수학적 명제는 어떻게 표현하면 좋을까」라는 연구의 일환으로 논의되었습니다. 이러한 이론은 1970년대에 **오토마타 이론**, **형식 언어 이론**과 같은 컴퓨터 과학의 기초가 되었습니다. 당시 개발된 이론은 단순히 역사적 가치뿐만 있는 것이 아니라 현재 많은 분야의 기초 이론이 된 것입니다.

튜링과 마찬가지로 당시 많은 수학자에게 영향을 주고, 20세기 수학 연구의 방향을 제시했던 **다비드·힐베르트**라는 수학자가 있었습니다. 그가 연구했던 유명한 운동을 **힐베르트·프로그램**이라고 합니다. 이것을 간단하게 설명하면 다음과 같습니다.

숫자 자체를 대상으로 한 이론을 수학으로 만들자.
그 수학이 절대로 틀리지 않았다는 것을
수학적으로 증명하자.

다비드 · 힐베르트

「그 수학이 절대적으로 틀리지 않았다는 것을 수학적으로 증명하자」라는 것은 구체적으로 말하면 「A이다」라는 정리(定理)를 수학적으로 증명하면서 「A가 아니다」라는 것은 수학적으로 증명되지 않는 것을 의미합니다.

힐베르트가 제시한 문제 중에서 「주어진 명제의 정리(定理) 여부(즉 일반적인 진리로 풀 수 있는지)를 결정하는 유한적인 절차를 찾아내자」라는 것이 있습니다. 이 문제는 **결정 문제**라고 불리어집니다. 현대적인 표현으로 해석하면 **「주어진 명제의 정리(定理) 여부를 판정하는 알고리즘을 찾자」**가 됩니다. 당시에는 알고리즘이라는 용어가 독일어권에서도 영어권에서도 일반적이지 않았습니다. 알고리즘이라는 용어를 현재 우리가 사용하고 있는 의미로 쓰이게 된 것은 1960년 이후 컴퓨터 과학이 탄생하고 나서부터 입니다. (당시 알고리즘은 "기계적으로 실행할 수 있는 명확한 지침의 집합"등의 표현으로 사용되었습니다.) 힐베르트가 제시한 이러한 결정 문제에 대답하기 위해서 튜링은 그 유명한 튜링 기계를 생각한 것입니다.

힐베르트가 제창(提唱)한 결정 문제에 큰 진전을 가져온 또 다른 한 사람은 **쿠르트·괴델**이라는 사람입니다. 괴델은 문자라든지 문자열과 같은 숫자가 아닌 대상을 수치로 나타내는 것을 고안했습니다. 숫자가 아닌 대상을 괴델이 고안한 계산 방법으로 수치화 한 숫자를 지금은 **괴델 수**라고 부릅니다. 숫자가 아닌 것을 수치로 취급하는 것은 현재의 컴퓨터에서 일반적으로 행해지고 있는 일이지만 당시로서는 수식이나 명제와 같은 대상을 수치화해서 숫자로 처리한다는 것은 획기적인 일이었습니다. **괴델 수**로 인해 수학은 모든 대상을 처리할 수 있게 되고, 그것이 현재 컴퓨터의 발전으로 이어져 갔습니다.

이러한 괴델 수의 개념을 응용한 것이 **비트 열**인데, 현재의 컴퓨터에서 화상이나 음성 등 비수치 데이터의 대상에는 비트 열이 사용 되고 있습니다.

1-5 힐베르트의 10번째 문제와 튜링의 정지 문제

1900년 8월 힐베르트는 파리에서 개최된 국제 수학자 회의에서 20세기의 수학자들에게 23개 문항의 미해결 문제를 제시했습니다. 힐베르트가 제시한 문제의 해답을 찾으려고 전 세계 수학자들이 고민을 했습니다. 힐베르트가 제시한 23개 문항의 미해결 문제는 대부분 조금씩 해결되었지만, 10번째 문제는 오랫동안 해결되지 않은 채로 남아있습니다.

Chapter 1

힐베르트의 10번째 문제

주어진 디오판토스 방정식이
유리수해를 갖는지를 판단하는 절차를 구하라.

　디오판토스는 고대 그리스의 수학자로 알렉산드리아에서 활약한 사람입니다. 연대는 정확히 알려지지 않지만, 고전학자의 학설로는 서기 250년 전후라고 되어 있습니다. 근세의 수학계는 고대 그리스의 수학에 본보기가 되고 있습니다. 유클리드의 원론과 함께 디오판토스의 산학은 근세의 수학자들에게 큰 영향을 주었고, 당시에도 많은 수학자들이 연구하였습니다. 이러한 수학자의 이름을 붙인 **디오판토스 방정식**은 정수를 계수로 하는 다변수 방정식을 말합니다. 그럼, 디오판토스 방정식의 예를 살펴봅시다.

　다음의 3가지 식이 디오판토스 방정식입니다. 고대 그리스에서 '숫자'는 자연수뿐입니다. 따라서 이러한 방정식이 「자연수의 근을 가질까」라는 문제입니다. (※ 현재는 음의 정수를 근으로 허용하는 경우도 있습니다.)

(1)　$3x^3z + yz^2 - 3xyz - z^3 = 0$
(2)　$x^2 + y^2 = z^2$
(3)　$x^3 + y^3 = z^3$

　위의 3가지 방정식 중에는 **근이 있는 것과 근이 없는 것이 있습니다.**

(1)에서는 x = 2, y = 5, z = 3의 근을 가집니다.

(2)에서의 근을 피타고라스 수라고 합니다. 예를 들어 x = 3, y = 4, z = 5 등이 근입니다.

(3)에서는 근이 없습니다.

따라서 근을 갖고 있는지 없는지를 판정하는 문제의 답으로는 (1)과 (2)에 관해서는 yes(근이 있다)이고, (3)에 관해서는 no(근이 없다)입니다. 디오판토스 방정식을 푸는 알고리즘이 존재한다면 아래의 그림과 같이 기계적으로 근을 갖고 있는지 없는지를 대답하게 할 수 있습니다.

힐베르트를 비롯한 당시의 수학자들은 디오판토스 방정식을 푸는 알고리즘이 존재한다고 생각했습니다. 처음부터 「알고리즘이 존재하지 않는다」라고 생각조차 하지 않았습니다. 하지만 힐베르트가 해당 문제를 제창한지 70년 후, 러시아의 수학자 **마티야세비치**가 해당 문제를 푸는 알고리즘이 존재하지 않는다는 것을 증명하게 됩니다.

마티야세비치

　다양한 문제의 알고리즘이 발견되고, 그것을 찾으려 했던 당시의 수학자들에게 **「디오판토스 방정식을 푸는 알고리즘이 존재하지 않는다.」**라는 결과는 매우 충격적인 것이었습니다. 물론 알고리즘이 존재하지 않는 문제(이것을 "계산 불가능 문제"라고 합니다.)는 그때까지도 많이 발견되고 있었지만 특수한 분야의 문제로 일반 수학자의 관심을 끄는 문제가 아니었습니다. 계산 불가능이라고 증명된 문제는 궤변 어린 미덥지 않은 문제로 일반 수학 문제와는 상관이 없다고 많은 사람들은 생각했었습니다. 그러나 수학 역사상 가장 유명한 아무도 불평할 수 없는 이러한 10번째 문제가 계산 불가능하다고 증명된 것입니다.

　알고리즘이 존재하지 않는다는 결론에 이르기까지의 70년간 전 세계적으로 알고리즘에 대한 다양한 논의가 이루어졌습니다. 결국 이런 결론을 얻을 수 있었던 것은 1936년에 튜링이 정의했던 **"계산 불가능"**이라는 개념이 있었기 때문입니다. **튜링은 알고리즘이 존재하지 않는다는 것을 「튜링 기계로 계산할 수 없는 것」이라고 규정했습니다.**

　힐베르트의 10번째 문제를 푸는데 토대가 되었던 문제는 튜링이 생각한 다음과 같은 문제입니다.

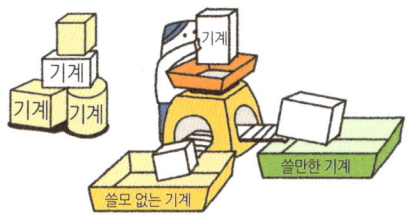

이렇게 분류 기계를 만드는 것에는 쓸만한 기계인지 쓸모 없는 기계인지를 판정하는 알고리즘이 필요합니다. 튜링이 내린 결론은 다음과 같습니다.

> 쓸모 있는 기계인지 쓸모 없는 기계인지를 판단하는 알고리즘은 없다.
>
> 이런 분류 기계는 만들 수 없다.

이러한 결론에 대한 설명은 긴 의론이 필요하지만 해당 문제는 힐베르트의 10번째 문제와 본질적으로 동일하다는 것이 증명되었습니다. 즉, 튜링이 제안한 문제가 힐베르트의 10번째 문제에 대한 해결로 이어진 것입니다. 튜링이 고안한 이러한 문제를 토대로 훗날 수학자들이 개선해 나간 것이 **현재 튜링 기계의 정지 문제**라고 하는 그 유명한 문제입니다.

| 주어진 기계가 "쓸모 있는 기계"인지 아닌지를 판단하는 알고리즘은 있을까 | → 개량 → | 튜링의 정지 문제
 튜링 기계 M은 입력 x에서 정지할까 |

튜링 기계의 정지 문제가 계산이 불능하다는 것은 **대각선 논법**이라는 방법으로 증명되었습니다. 대각선 논법은 이 책에서도 언급이 되지만 처음에는 이러한 논법을 받아들이지 않는 사람들이 많았습니다. 대각선 논법은 "자기 언급"이라든지 "거짓말쟁이 논법"이라고도 불리어져 조금은 수상하고, 궤변적으로 들립니다. 튜링 기계의 정지 문제는 점점 변형되어 다른 문제로 변질되어 갔습니다. 현재는 많은 문제가 계산이 불가능하다는 것을 알고 있습니다. 앞에서 나온 힐베르트의 10번째 문제도 그 중 하나입니다. 힐베르트의 10번째 문제는 더 이상 대각선 논법의 흔적조차도 없습니다. 이것은 대각선 논법이 눈속임에 해당하는 논법이 아니라 구체적인 결과를 도출하는 정당한 논법임을 증명한다고 할 수 있습니다.

1-6 알고리즘의 한계와 수학의 발전

튜링이 제시한 것은 계산할 수 없는 문제의 존재, 기계의 한계, 알고리즘의 한계입니다. 이것은 당시부터 (혹은 현재에도) 부정적인 결과로 받아들여지고 있습니다. 그러나 「어떤 문제가 계산이 불가능하다」라는 것을 증명하는 것은 수학의 한계를 나타내는 것이 아닙니다. 오히려 튜링의 이론은 컴퓨터 과학 등에서 많은 이론을 생성하게 했습니다. 수학에서는 부정적인 결과가 그 분야를 비약적으로 발전시키는 경우도 많이 있습니다. 계산할 수 없는 것, 즉 알고리즘이 존재하지 않는다는 것을 나타내기 위해서는 알고리즘의 본질을 알아야 합니다.

튜링에 의해 「알고리즘이란 무엇인가」를 해결할 실마리를 찾고나면 컴퓨터는 여명기에 들어갑니다. 현재의 컴퓨터를 개발한 중심 인물로 **폰・노이만**이라는 사람이 있습니다. 노이만은 튜링과 괴델의 결과를 제대로 이해하고, 높이 평가하고 있었습니다. 노이만은 튜링에게 그가 있었던 프린스턴 고등 연구소의 조수가 되기를 권유했습니다. 결국 튜링은 노이만의 권유를 거절하지만 그 후 노이만은 미국의 컴퓨터 학계를 견인하는 대가가 됩니다.

힐베르트가 제시한 문제는 모두 20세기의 수학을 견인하는 뛰어난 문제이며, 그 중 하나인 10번째 문제는 수학자의 교본과도 같은 문제였습니다. 그 유명한 문제에 「알고리즘이 없다」라는 사실은 수학계에서 대단히 충격적이었습니다. 그래서 「알고리즘이 없다」라는 것은 어떤 말인가, 「알고리즘이란 무엇인가」가 다시 주목을 받게 되면서 해당 분야가 크게 발전하게 됩니다.

튜링과 동시대 때에 쿠르트・괴델이 **불완전성 정리**라는 이론을 발표했습니다. 괴델은 「현재 수학을 포함한 어떤 논리 체계도 불완전하다」는 것, 즉 「아무리 수학을 발전시켜도 그 체계는 증명할 수도 부정할 수도 없는 명제가 존재한다」는 것을 제시했습니다. 그 결과는 튜링의 결과와 매우 유사하고, 본질적으로는 같은 논리라고 말할 수 있습니다.

튜링과 괴델의 결과는 틀림없이 20세기 최대의 정리이며, 수학사와 전기 작가에 의해 다양하게 해석되고 있습니다.

그 중에는 기계 만능수의의 종언이라든가, 형식주의의 차질 등이라는 해석도 있습니다. 20세기 초는 과학 기술이 크게 발전하기 시작한 때이며, 그러한 시대에는 계산 불가능이나 수학의 불완전성 등을 매우 선정적인 결과로 받아들인 것이 아닐까 생각합니다.

1-7 언어 분야와 컴퓨터 과학

계산할 수 없는 문제의 존재가 인정되고 나서부터 형식적 논리는 점점 개선되어 20세기 후반의 컴퓨터 과학은 크게 발전하였습니다. 또한, 이 무렵에 숫자가 아닌 다양한 개념들을 다룰 수 있게 되어 수학 이외의 여러 분야에 많은 영향을 주게 되었습니다.

그 중에서도 반드시 언급해야 할 것으로 **미국의 언어 학자 에이브럼・노엄・촘스키**에 의해 도입된 **성구구조문법**(1956년)이 있습니다. 지금까지의 문법은 **규범 문법**이라고 해서 옳다고 인정된 용법을 나타내는 것으로 촘스키가 말하는 바에 따르면, 예를 들어 거미를 보고 「너는 다리가 8개나 있기 때문에 곤충 문법에 위반돼」라고 말하는 것입니다. 이에 대해 성구구조문법은 엄격하게 정의된 수학적 모델이었습니다. 성구구조문법에 있어서도 문법상 많은 문제로 계산이 불가능하다는 것을 증명했습니다. 이것은 성구구조문법의 기술 능력이 너무 강력하다는 것인데 영어나 한국어와 같은 인간의 언어로서 문법이 전부 파악되지 않았음을 나타내는 것입니다. 그 후 많은 개선이 이루어졌고, 현재는 **생성 문법**이라고 총칭되는 분야로 발전하였습니다. 그러나 견해를 바꾸면 컴퓨터 과학이 촘스키에게 영향을 받은 일면도 있습니다.

알고리즘을 표현하기 위한 프로그래밍 언어 등과 같이 인공 언어의 설계와 해석에는 촘스키가 도입한 문법 이론이 중요한 역할을 했기 때문입니다. 또한, 현재는 영어 등의 외국어를 한국어로 번역하는 기계 번역, 인간과 대화하는 로봇, 다량의 문서 데이터에서 필요한 정보를 검색하는 시스템 등 문법 이론이 큰 몫을 하고 있습니다.

1-8 이론 세계와 현실 세계

우리는 종종 컴퓨터나 종이에 그림을 그립니다. 그 종이에 그려진 그림 모양을 실제로 배로 확대하고 또 확대해 가면 결국 선은 면이 되고, 면은 점이 되어 더 이상 확대할 수 없게 됩니다. 그럼, 머릿속에서 이러한 선을 상상해 봅니다. 배로, 계속 확대해 가도 점 등은 나타나지 않고 예쁘게 일직선을 유지하는 선을 쉽게 상상할 수 있을 것입니다.

즉, 수학의 세계는 배로, 몇 번이고 확대를 반복해도 예쁜 직선이지만 현실 세계에서는 확대를 50회 정도 반복하면 원자 세계를 넘어서고 맙니다.

이와 같이,「수학적 개념과 일상에서 사용되고 있는 개념」이 다른 경우가 있습니다. 수학이라는 것은 사물을 단순화해서 논의합니다. 이 책에서 다룰「계산 가능」과「실제로 로봇이 할 수 있는 것」의 관계와 비슷합니다. 여기에서는 알고리즘이 다루고 있는 것을 **자연수로 제한하고 있습니다.** 이것은 이론적인 문제에만 제한되고, 현실적인 문제에는 전혀 해당되지 않는다는 것은 아닙니다.

논의를 단순화함으로써 문제의 본질을 설명하기 위한 작업이라고 생각하면 됩니다. 실제로, 음악을 작곡하거나 배구(俳句 : 5・7・5의 3구 17자로 된 일본 특유의 단시(출처 : 네이버))를 만드는 프로그램이 있습니다. 자연수의 함수는 수학 세계의 주민(거주자)이고, 「음악」이라든가 「소설」은 현실 세계의 주민(거주자)이라고 하겠습니다. 살고 있는 세계가 서로 다르기 때문에 이는 함께 논의를 할 수가 없습니다. 이런 계산이 가능하다고 말하기 위해서는 이것을 자연수의 함수로 공식화해야 합니다. 예를 들어 작곡의 경우 「장르라든지 감정 등의 어떤 매개변수를 입력하면 음표 열이 출력된다」라고 설정하면 자연수상의 함수로 이야기를 풀어 갈 수가 있습니다. 수학은 논의가 쉽게 진행되도록 단순화하거나 대상을 한정하는 경우도 있지만 이 책에서 전개하고 있는 이론은 본질이 이해되면 현실 세계에서도 충분히 응용할 수 있다는 것이 포인트입니다.

Chapter 2 | 거짓말쟁이의 역설과 대각선 논법

유명한 논법의 하나로 대각선 논법이라는 것이 있습니다. 1891년 게오르그・칸토어가 숫자에 대한 증명으로 사용한 것이 시초라고 알려져 있지만 그 후 다양한 문제의 증명에 사용되고 있습니다. 여기에서는 「모순」등의 이야기를 하면서 대각선 논법의 기본 개념을 알아보겠습니다.

2-1 모순된 이야기

튜링은 대각선 논법을 사용하여 「계산할 수 없는 문제」의 존재를 증명했습니다. 대각선 논법은 말 그대로 「모순」의 어원이 되는 이야기에서 사용되고 있는 논법입니다. 여러분은 오(吳)나라 상인의 이야기를 들어 본 적이 있나요?

옛날에 오(吳)나라의 상인이 어떤 방패(盾)도 관통하는 창(矛)과 어떤 창도 막을 수 있는 방패를 팔고 있었습니다. 다름아닌 만능한 창과 방패입니다. 상인의 말을 듣고 어느 손님 중 한 명이 「그 창으로 그 방패를 찌르면 어떻게 되나요」라고 물어 곤란한 상황이 되었다는 이야기입니다. 이것이 바로 말 그대로의 "모순(矛盾)"입니다.

그리고 만능한 창과 방패에서 상징되는 것처럼 **만능이라는 것은 만능하기 때문에 생기는 허점**이 있습니다.

2-2 크레타 사람은 거짓말쟁이다

또 하나 유명한 자기 언급에 대한 이야기가 있습니다. 자기 언급은 「일반적인 언명을 자신에게 적용시키면 모순된다」라는 것을 말합니다. 자기 언급은 만능성의 결점을 설명하기 위해서 사용됩니다.

크레타 섬은 그리스의 옛날 이야기에 자주 나오는 유명한 섬입니다. 그 크레타 사람이 「크레타 사람은 거짓말쟁이다」라고 말을 했다고 합니다.

여러분은 크레타 사람이 진실을 말하고 있다고 생각하나요? 혹은 거짓말을 하고 있다고 생각하나요? 사실은 둘 다 모순된 말입니다.

☑ 1. 크레타 사람은 거짓말쟁이라고 가정

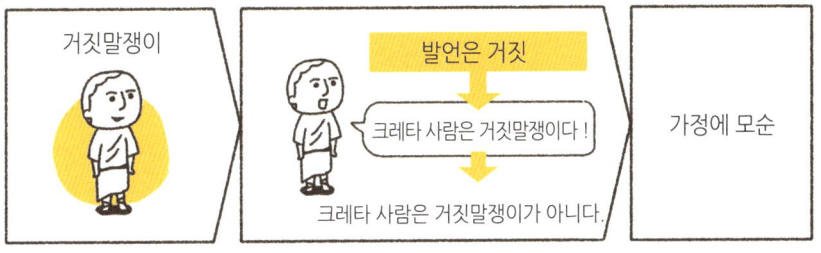

크레타 사람은 거짓말쟁이라고 가정을 하면 발언 내용은 거짓이 됩니다. 발언 내용을 살펴보면 「크레타 사람은 거짓말쟁이」라고 말하고 있기 때문에 그 발언은 거짓, 즉 「크레타 사람은 거짓말쟁이가 아니다」가 됩니다. 가설과 모순이 됩니다.

☑ 2. 크레타 사람은 거짓말쟁이가 아니라고 가정

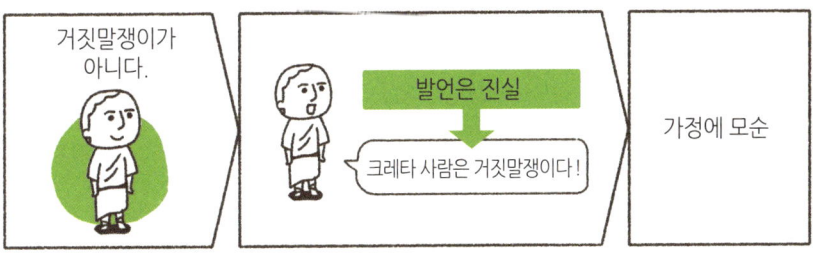

크레타 사람이 거짓말쟁이가 아니더라도 앞의 그림과 같이 모순이 발생합니다. 이와 같이 자기를 포함해서 언급하고자 하면 모순이 생기는 것을 **거짓말쟁이(자기언급)의 역설**이라고 합니다.

2-3 바보 개의 역설

다음은 바보 같은 개의 이야기로 거짓말쟁이의 역설을 생각해 보겠습니다. 영리하다고 소문난 개 뽀삐는 영리한 개와 멍청한 개를 구분할 수 있습니다. 개를 보자마자 짖는다면 멍청한 개이고, 개를 봐도 짖지 않는다면 영리한 개입니다.

순간적으로 개를 분별할 수 있는 뽀삐는 영리한 강아지를 보면 「멍!」이라고 외쳐서 알려주었습니다.

개를 분별할 수 있는 뽀삐는 순식간에 영리한 개라고 정평이 납니다.

거기에 있던 사람이 와서 말했습니다. 「뽀삐에게 거울을 보여주면 짖을까?」

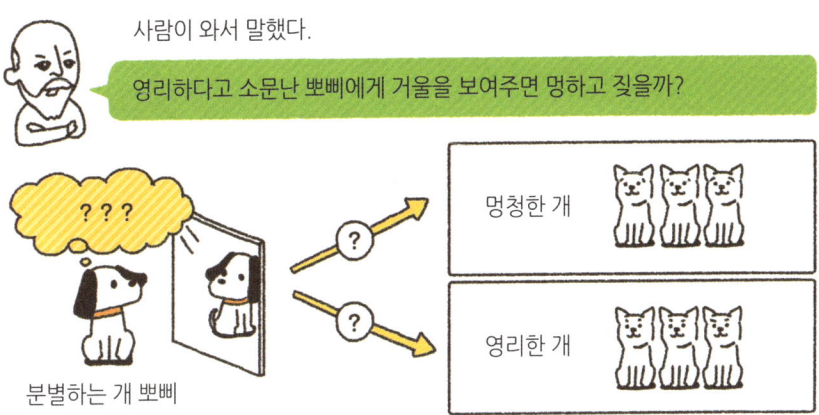

☑ 1. 거울을 보고 짖지 않았을 경우

뽀삐는 멍청한 개라고 판단되면 짖지 않습니다. 즉, 거울 속의 자신을 보고 멍청한 개라고 판단한 것입니다. 처음에 세워둔 정의를 생각해 봅시다. 개를 보고 짖지 않으면 영리한 개라고 정의했습니다. 여기에서 모순이 있습니다.

☑ 2. 거울을 보고 「멍!」하고 짖었을 경우

뽀삐는 영리한 개를 보면 짖기 때문에 거울 속의 자신을 보고 「멍! (이 개는 영리해!)」하고 판단한 것이 됩니다. 그러나 처음에 세워둔 영리한 개와 멍청한 개의 정의를 생각해 봅시다. "개를 보고 바로 짖으면 멍청한 개"라고 정의했습니다. 개를 보자마자 짖어버린 뽀삐는 멍청한 개가 되면서 모순이 됩니다.

이렇게 자신을 분별할 수 있는 개는 존재하지 않는다는 것입니다. 이것이 거짓말쟁이의 역설로 컴퓨터 과학으로 표현하면 **대각선 논법**입니다. 이처럼 자신을 판단하려고 하면 모순이 발생하는 경우가 많이 있습니다.

2-4 귀납법(재귀법)

다음은 **귀납법(재귀법)**에 대해서 살펴보겠습니다. 귀납법은 증명뿐만 아니라 정의에도 종종 나오는 수학적 개념으로 매우 중요한 논법 중에 하나입니다. 귀납법은 재귀법이라고도 하는데 영어에서도 recursion과 induction의 두 가지가 있으며, 어느 쪽이 어느 쪽의 역어가 되는 것은 아닙니다. 이 책에서는 이러한 두 가지 용어를 같은 의미로 사용하고 있습니다.

누구나 한번쯤은 해본 적이 있는 사다리 타기를 생각해 봅시다. 파티 때 A씨, B씨, C군, D군이 선물 교환을 사다리 타기로 결정하기로 했습니다. A씨는 ●, B씨는 ▲, C군은 ■, D군은 ★의 선물을 받을 수 있게 되었습니다. 이때, 가로줄을 하나만 추가해도 각각 다른 선물을 받을 수 있습니다. 결코 같은 선물을 중복해서 받을 수는 없는데 이러한 것은 여러분도 경험으로 알 수 있을 것이라 생각합니다.

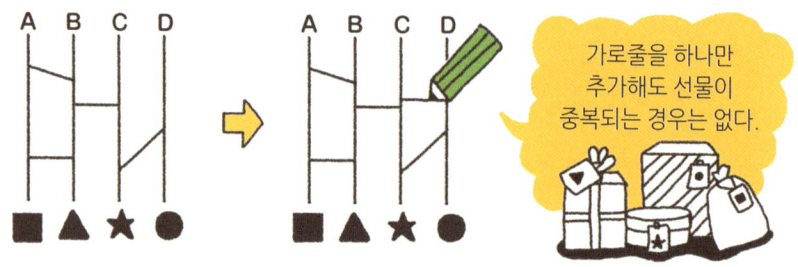

그럼, 가로줄을 1,000개 이상 추가하면 어떻게 될까요? 1,000개를 추가해서 확인하는 것보다 더 쉽게 이해하는 방법이 있습니다. 그것이 수학적 귀납법입니다. 보통 우리가 「귀납적」이라고 하는 경우는 「구체적인 사례라든지 관측 결과에서 일반적인 사실이나 보편적인 법칙을 이끌어 내는 것, 다시 말하자면 특수한 예에서 보편적 명제를 도출하는 것」을 의미합니다. 그러나 이 책에서 사용하는 귀납법은 더욱 의미가 한정된 것으로 일반적인 귀납법과 구별하기 위해 **수학적 귀납법**이라고 하겠습니다. 수학적 귀납법은 일반적인 귀납법과는 별개라고 생각하는 편이 이해하기 쉬울 것입니다.

사다리 타기의 가로줄이 없을 경우, 선물이 중복될 일은 없습니다. 다음은 「가로줄이 n개 있을 경우 성립한다고 가정하면 가로줄이 n+1개가 되었을 때도 성립한다」는 것을 보여줍니다. 이것이 성립되면 어떤 값에 대해서도 성립한다고 할 수 있습니다. 이것이 귀납법인데 실제로 증명해 보겠습니다. 가로줄이 n개이고, 가로줄이 1개 더한 경우를 생각합니다.

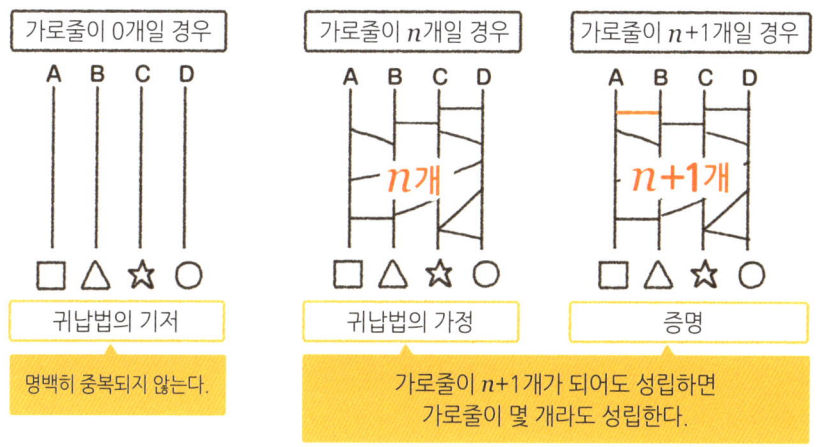

상단의 가로줄에 주목해 봅시다. 상단의 가로줄이 그림과 같이 A씨와 B씨의 선을 잇고 있다고 하겠습니다(다른 경우도 마찬가지입니다).

그림과 같이 상단에 가로선을 더하면 A씨가 받을 선물과 B씨가 받을 선물이 바뀔 뿐입니다. 따라서 가로줄이 n+1개의 경우에도 선물은 중복되지 않습니다. n개일 때 성립한다고 가정하면 n+1개의 경우도 성립한다고 확인되었으니 이제는 가로줄이 1만개가 되든, 1억개가 되든 항상 성립한다는 것이 증명되었습니다.

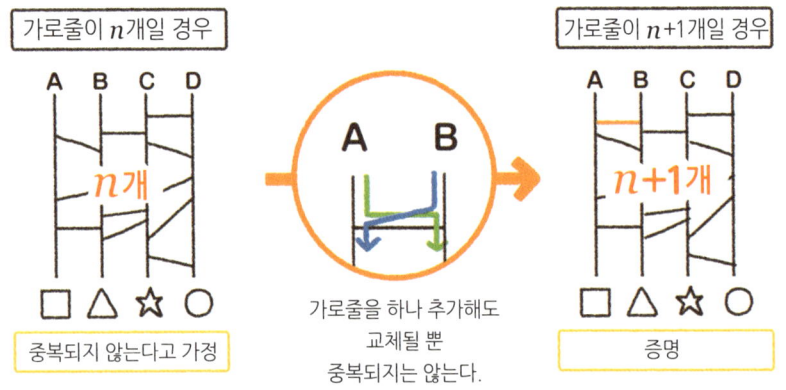

이것이 귀납법(재귀법)의 원리입니다. 이것은 오랜 경험을 통해 매우 획기적인 방법임을 알게 되었습니다. 그리고 지금은 가장 강력한 증명 방법이면서 정의 방법이기도 합니다. 귀납법은 강력한 도구이므로 이 책에서도 여러 개념이 귀납법에 의해 정의됩니다. 귀납법이 이 책의 또 다른 테마일 수도 있지만 사용에는 세심한 주의가 필요하며, 이를 잘못 사용하는 경우는 소위 "순환 논법"에 빠지고 맙니다. 예를 들어 어떤 단어를 조사하기 위하여 단어의 뜻을 찾을 경우 의미가 여기저기 혼재되어 있어서 해당 단어의 뜻을 찾지 못하는 **순환 논법**이 되지 않도록 주의합시다.

2-5 마을 이발사의 역설

　다음은 마을 **이발사의 역설**이라는 이야기입니다. 마을에 이발소가 한 곳 있었습니다. 그 이발소 앞에는 입간판이 있는데, 거기에는 다음과 같이 적혀 있었습니다. 「자신의 수염을 면도하지 않는 사람에 한함, 그리고 자신이 면도하지 않는 사람은 모두 제가 면도해 드리겠습니다.」 이 이발사는 남자이고, 수염이 자란다고 합시다. 그럼 이 이발사의 수염은 누가 면도할까요?

☑ 1. 이발사 자신이 면도를 한다고 가정

이것은 "자신의 수염을 면도하지 않는 사람에 한함"이라는 간판의 내용에 모순됩니다.

☑ 2. 이발사 자신이 면도를 하지 않는다고 가정

이것도 "자신의 수염을 면도하지 않는 사람은 이 이발사가 면도해 준다"라는 간판 내용에 모순됩니다. 즉, ==간판 내용은 어떻게 해석해도 모순이 됩니다.==

이발사의 역설은 단순한 이야기이지만 이와 같은 논리를 사용하여 러셀은 당시 집합론에 큰 결함이 있다고 지적했습니다. 이것은 ==러셀의 역설==로 알려져 있는데 이러한 러셀의 역설은 당시 수학자들에게 큰 충격을 주었습니다. 지금까지의 집합론에 치명적인 결함이 있다고 지적되었기 때문입니다. 다시 말하면 집합론은(따라서 수학은) 모순이 되어버립니다. 이후, 많은 수학자들의 노력에 의해 집합론의 모순은 극복되었지만 다른 방법으로 설명하면 「집합의 모임은 "집합"이라고 인정하지 않고, 다른 것이라고 한다」라는 방법입니다. 이 방법은 집합의 모임을 ==클래스(족, 族)==라고 부르면서 집합과 구분합니다. 이렇게 하면 클래스 집합에 대해서는 또 다른 이름이 필요하게 되는데, 끝이 없는 것처럼 들릴 수 있겠지만 실제로 현대 수학에서는 이것만으로 충분합니다. 또 다른 방법은 유한 집합이나 자연수 전체의 집합과 같이 이미 사용되고 있는 확실한 집합을 시작으로 합집합, 교집합, 여집합, 곱집합 등 명확한 방법만을 사용하여 구성된 것만 집합으로 인정하자는 것입니다. 이렇게 현재 수학은 러셀의 역설로부터 전달되고 있습니다. 러셀의 역설은 Chapter 9에서 자세히 설명하겠습니다.

Chapter 3 수학적 귀납법과 숫자

이번 장에서는 자연수를 "정의"하도록 하겠습니다. 「자연수는 유치원생도 알고 있는데, 왜 일부러 정의하는 거야?」「정의할 수 있나?」라고 생각하시는 분들이 있을 것으로 짐작됩니다. 현대 수학은 매우 엄격한 형식주의로 만들어져 있습니다. 그에 가장 기초가 되는 자연수에 대해 생각해 보겠습니다.

3-1 "숫자"를 정확하게 정의하자

고대 그리스의 유클리드 기하학은 수학의 여러 개념이 엄격하게 정의되고 있어 매우 유용한 학문이었습니다. 튜링의 시대를 약간 거슬러 올라가면 수학을 고대 그리스의 유클리드 기하학과 같이 엄격하게 다시 정의하려는 때가 있었습니다. 수학 자체를 연구 대상으로 하여 수학의 명제를 극히 작은 규칙으로부터 이끌어 낼 수 있도록 하려는 것이었습니다. 이러한 방법론을 **형식주의** 또는 **공리론주의**라고 합니다. 현재 수학의 기본은 이 시기에 정의된 것을 계승하고 있습니다. 여기에서는 우리가 평소 사용하고 있는 **"숫자"의 정의**를 이해하면서 정의와 증명에 사용되는 **수학적 귀납법**에 대해서 자세히 살펴보도록 하겠습니다.

"숫자"는 우리 모두가 사용하고 있는 개념으로 0, 1, 2, 3...과 같이 표기되는 "자연수"는 그 중에서도 가장 기본적인 숫자입니다. 자연수는 본래 매우 어려운 개념이지만 어린 아이들도 이해하고 있습니다. 이 세상에서 각각의 자연수는 오직 하나만 존재합니다. 예를 들어, 숫자 2가 나타내는 자연수는 "two"라든지 "이" 등 다양한 표시 방법이 있지만 2라는 자연수가 나타내는 개념은 세상에서 하나뿐입니다. 「자연수의 2를 보여줘」라고 말하는 것은 곤란한 일인데 이는 추상적인 존재이기 때문에 보여줄 수가 없습니다. 「자연수란 무엇인가」라고 물었을 때 이런 질문에 명확하게 대답하는 것은 매우 어렵습니다. 예를 들어, 3에 대해서 생각해 봅시다. 「3이란 무엇입니까」라고 물으면 바로 설명할 수 있을까요? 사과 3(개), 농도의 3(%), 점수의 3(점) ... 등에는 다양한 3이 있지만 이것은 자연수 3의 여러 〈사용 예〉 중에서 하나일 뿐 그 중 하나를 선택하여 설명하려고 해도 "3"을 설명할 수는 없습니다.

수학 자체를 연구 대상으로 하기 위해서는 먼저 수학의 가장 중요한 개념인 "숫자"에 대해서 정리하고 정의할 필요가 있습니다.

그럼 여기에서 1889년 주세페·페아노가 자연수에 대해 정의한 ==페아노의 공리==에 대해서 살펴보도록 하겠습니다. 독자 여러분은 ==지금부터 자연수에 대한 모든 지식을 잊어주세요.== 즉, 이 시점에서 기호 1, 2, 3은 우리가 모르는 것입니다. 평소 사용하고 있는 0, 1, 2...라는 숫자는 사용하지 않고, ==제로(zero)와 "다음 숫자"만을 사용하여 자연수를 나타내 보겠습니다.== 다음은 자연수의 정의입니다.

> **정의**   **자연수의 정의**   Def-001
>
> (1) 제로(zero)는 자연수이다.
> (2) 모든 자연수는 "다음 숫자"라고 불리는 단 하나의 자연수를 갖는다.
> (3) (1)과 (2)에서 정의된 것만이 자연수이다.

(1) 1889년 주세페·페아노가 자연수를 정의했을 당시 제로(zero)는 자연수에 포함되어 있지 않았지만 이 책에서는 0을 자연수에 포함하기로 합니다. (2) 자연수에는 "다음 숫자"라는 것이 있습니다. 그리고 그것은 단 하나로 중복되어서는 안됩니다.

여기에서 **형식 논리**에 대해 조금 설명하겠습니다. 형식 논리에서는 "단어의 의미"에 얽매이지 않는 것이 좋은데 이는 말이 애매모호하거나 사람에 따라 의미가 미묘하게 다르기 때문입니다. 형식 논리에서 "자연수"라든지 "다음 숫자" 등의 말은 단순한 라벨로 예를 들어 "자연수"를 "부자연수"로 대체할 수 있어야 합니다.

(2)에 나오는 "다음 수"라는 용어는 일상에서 자주 사용되는 말로 학술 용어로는 적합하지 않습니다. 따라서 "x의 후자" 또는 좀더 형식적으로 $S(x)$로 쓰기로 하겠습니다.

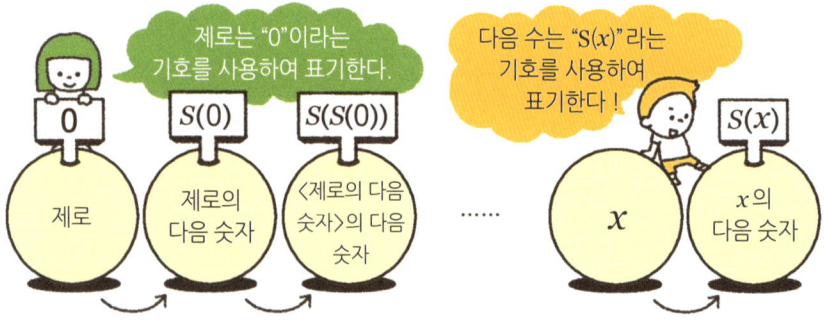

이렇게 정리하면 자연수의 정의는 다음과 같습니다.

정의 | **자연수의 정의** | Def-002

정의 1 0은 자연수이다.
정의 2 x가 자연수라면 $S(x)$는 자연수이다.
정의 3 정의 1과 정의 2에서 정의되는 것만이 자연수이다.

우선, **Def-002**의 **정의 1**로 기호 0은 자연수입니다. 따라서 정의 2로 인해 $S(0)$도 자연수입니다. 이 $S(0)$에 한 번 더 **정의 2**를 적용하면 $S(S(0))$도 자연수입니다.

따라서

$$0, S(0), S(S(0)), S(S(S(0))), \cdots$$

은 자연수가 됩니다. S(0)은 0의 다음 숫자, S(S(0))은 0의 다음 다음 숫자입니다. 자연수를 전부 모은 집합을 N이라고 하면

$$N = \{\ 0, S(0), S(S(0)), S(S(S(0))), \cdots\ \}$$

이 됩니다. 정의 3 은 이러한 형태의 정의에서 반드시 필요한 정의입니다. N 이외는 자연수라고 하지 않는다는 것을 의미합니다. 이러한 정의가 없으면 무엇이든지 자연수가 되어 버립니다. 형식주의는 「말은 단순한 라벨」이라고 했지만 실제로 운용할 때 라벨은 매우 중요합니다. 따라서 S(0), S(S(0)), SS(S(0)))...의 각각 1, 2, 3, ... 라벨(약어법)을 사용하기로 합니다. 즉, S(S(S(0)))은 3으로 단축합니다. 이렇게 하면 예를 들어, [3을 보여 달라]고 하는 경우는 S(S(S(0)))를 보여줄 수 있습니다. S(S(S(0)))는 추상적인 자연수 3에 붙은 라벨이 아니라 S(S(S(0))) 자체가 본체로 3은 본체에 부착된 라벨이 됩니다.

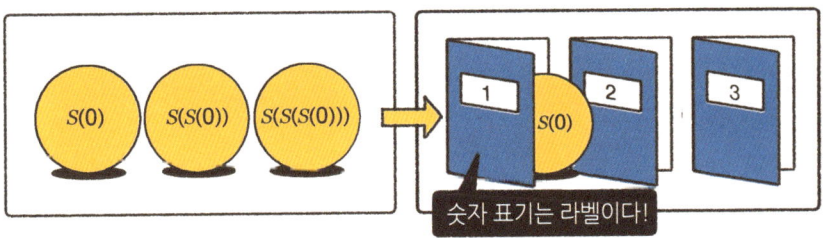

당시의 대수학자 크로네커는 다음과 같이 말했습니다. 「자연수는 신이 만드셨다. 그 이외의 것은 인간이 만들었다.」 그러나 페아노는 자연수까지도 만들어 냈습니다.

자연수 자체를 정의했지만, 아직 자연수라는 체계를 완전히 파악한 것은 아닙니다. 다음은 자연수가 충족해야 할 기본적인 성질입니다. 이를 **자연수의 공리**라고 합니다.

> **공리** **자연수의 공리** Axiom-001
>
> **공리 1** 제로(zero)는 어떤 자연수의 후자도 아니다.
> **공리 2** 다른 2개의 자연수는 각각 다른 후자를 가진다.
> **공리 3** 제로가 어느 성질을 가지고 있고, 또한 어떤 자연수가 그 성질을 가지고 있을 경우 그 다음 숫자도 같은 성질을 가지고 있다면 모든 자연수는 동일한 성질을 가진다.

수학에서 "동등하다"라는 개념은 매우 중요합니다. "동등하다"라는 개념은 자연수의 정의에서는 나오지 않습니다. 예를 들어, 자연수가 0 단 하나뿐이라고 합시다. 그러면 0의 후자, 즉 0의 다음 수는 0입니다. 따라서 0, S(0), S(S(0)), …은 모두 동일하므로 0이 됩니다. **공리 1**은 이러한 상황을 제거합니다. 즉, **공리 1**은 어떤 자연수 n에 대해서도 S(n)≠0이라고 합니다.

공리 1만으로는 부족합니다. 예를 들어, 다음의 그림과 같이 자연수가 0, 1, 2 셋뿐이고, 후자가 그림의 화살표 방향처럼 정해져 있다고 하겠습니다.

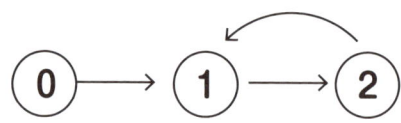

그러면 S(0)=1, S(2)=1이고, 0과 2는 같은 후자를 가지게 됩니다. 바로 위에서 설명했듯이 S(S(0))≠0 즉, 2≠0이고, 0과 2는 서로 다른 자연수입니다. 따라서 **공리 2**에 반하여 그림과 같은 구조는 배제할 수 있습니다.

3-2 수학적 귀납법과 자연수의 공리

공리 3 은 이해하기 쉬운 문장입니다. 이것은 "수학적 귀납법의 원리"를 나타내고 있습니다.

어느 별에 사는 사람의 이야기입니다. 그곳 주민의 숫자는 무한하다고 하겠습니다. 사람들은 아파트에 살고 있는데 각 아파트에는 0, 1, 2, ...라는 숫자를 부여하고 있다고 합시다. 여기에서「모든 사람은 여왕이 회임한 것을 알고 있다」는 것을 증명하고자 합니다. 명제 P(x)를「번호 x의 아파트 주민은 알고 있다」라고 하겠습니다. 단, 이 별의 주민들이 알고 있는 것은 모두 옆 아파트 주민에게 들었다고 합니다. 이것을 식으로 쓰면 P(x)→P(x+1)이 됩니다. 다시 말하면,「번호 x 아파트의 주민이 알고 있다면 번호 x+1의 아파트 주민도 알고 있다」가 됩니다. 여기에서는 x의 다음 수 S(x)를 x+1이라고 쓰고 있습니다. 이것이 성립한다고 해도 귀납법은 이것만으로는 적용되지 않습니다. 이야기의 "시작"이 필요한데 "시작" 부분을 귀납법의 **기저**라고 합니다. 이 이야기에서 기저는 P(0)에서「번호 0의 아파트 사람은 알고 있다」가 성립한다고 하겠습니다. 기저가 성립하면 번호 0의 아파트 주민은 번호 1의 아파트 주민에게 알리기 때문에「번호 1의 아파트 사람은 알고 있다」가 성립하고, 동시에「번호 2의 아파트 사람은 알고 있다」,「번호 3의 아파트 사람은 알고 있다」...라고 줄지어서 P(x)가 성립한다고 할 수 있습니다. 따라서 모든 x에 대하여 P(x)가 성립하게 됩니다. 이것이 수학적 귀납법의 원리입니다.

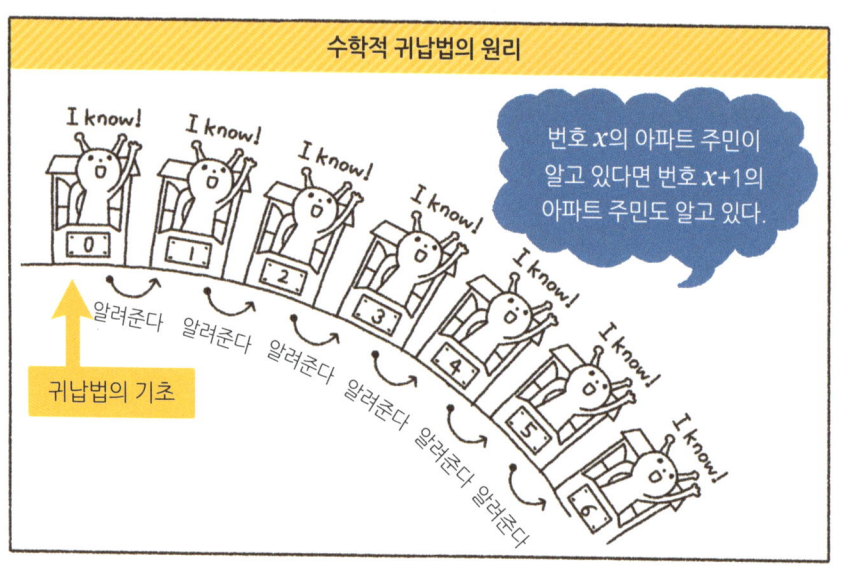

　여기에서 자연수의 성질인 공리 3 으로 돌아가 봅시다. 공리 3 은 위의 귀납법과 거의 같은 내용을 설명하고 있습니다. "제로가 어느 성질을 가지고 있고"라는 것이 수학적 귀납법의 기저입니다. 우선 제로로 성립되지 않으면 안됩니다. "어떤 자연수가 그 성질을 가지고 있을 경우" 이를 귀납법의 가정이라고 합니다. 아파트 주민으로 말하면 「번호 x의 아파트 주민이 어떤 것을 알고 있다」는 부분에 해당합니다. 귀납법의 가정으로 가정할 경우 "그 다음 숫자도 같은 성질을 가진다"를 나타내는 부분을 귀납 단계라고 합니다. 아파트 주민으로 말하면 어느 호수의 사람도 반드시 이웃에게 그 사실을 전달하기 때문에 귀납법의 가정에서 다음 호수도 성립된다고 할 수 있습니다. "모든 자연수가 그 성질을 가진다"의 부분이 이 증명의 결론으로 이러한 예를 설명하면 "모든 우주인이 그 일을 알고 있다"가 됩니다.

　「제로가 어느 성질을 가지고 있다」가 기저이고, 「어떤 자연수가 그 성질을 가지고 있을 경우 그 다음 숫자도 그 성질을 가진다」가 귀납 단계입니다.

이번 기회에 자연수의 정의 Def-002 를 복습하겠습니다. 정의 1 의 「0은 자연수」는 기저이고, 정의 2 의 「x가 자연수라면 S(x)는 자연수」는 귀납 단계입니다. 자연수의 정의 중에서 지금 정의하려고 하는 자연수가 나오는 것이 귀납법(재귀법)의 특징 중 하나입니다.

3-3 집합론으로 숫자를 생각하다

다음으로 숫자를 집합론의 관점에서 살펴보겠습니다. 형식 논리에서는 숫자의 개념뿐만 아니라 대부분의 개념이 집합을 사용하면서 구성됩니다.

여기에서 집합이라는 개념을 간단하게 설명하겠습니다. "집합"이라는 개념을 도입한 것은 칸토어입니다. 칸토어가 집합론을 발표했을 당시 심한 비판을 받았지만 힐베르트의 강한 지지를 받아 집합이라는 개념이 점차 많은 사람들에게 받아들여지기 시작했습니다. 집합이란 물건 또는 대상의 모임입니다. 그 집합을 구성하는 각각의 대상을 그 집합의 요소 또는 원소라고 합니다. A를 집합이라고 하겠습니다. 대상 x가 A의 요소임을 x∈A로 나타내고, x가 A의 요소가 아님을 x∉A로 나타냅니다. 또한, 집합 B의 요소가 모두 A의 요소이기도 할 때, B는 A의 부분 집합이라고 합니다. B가 A의 부분 집합임을 B⊂A로 나타냅니다.

숫자의 집합에는 종류가 있습니다. 실수 전체로 이루어진 집합을 R로 나타내고, 자연수 전체로 이루어진 집합을 N으로 나타냅니다.

실수 전체로 이루어진 집합 R은 실수를 빠짐없이 모두 모아놓은 집합입니다. 마찬가지로 자연수 전체로 이루어진 집합 N은 자연수를 빠짐없이 모두 모아놓은 집합입니다. 기호로 쓰면 다음과 같이 됩니다.

$$N = \{ 0, 1, 2, 3, \cdots \}$$

단순히 「자연수의 집합」이라고 한 경우는 N뿐만 아니라 짝수의 집합, 홀수의 집합, 소수의 집합, … 등 다양한 집합을 포함한다는 것에 주의합니다.

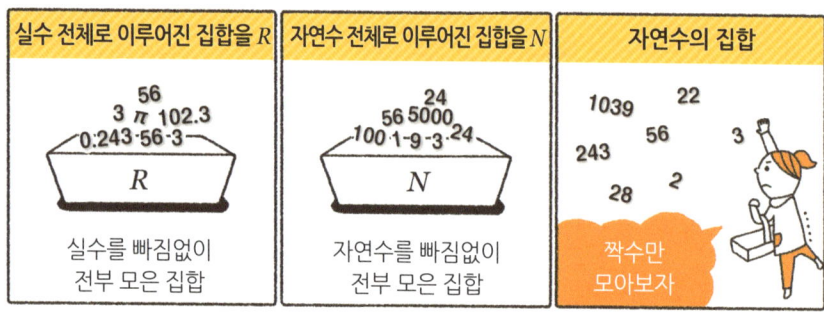

지금까지 표현한 기호와 집합의 개념을 이용하여 자연수의 공리를 다시 정의해 보겠습니다.

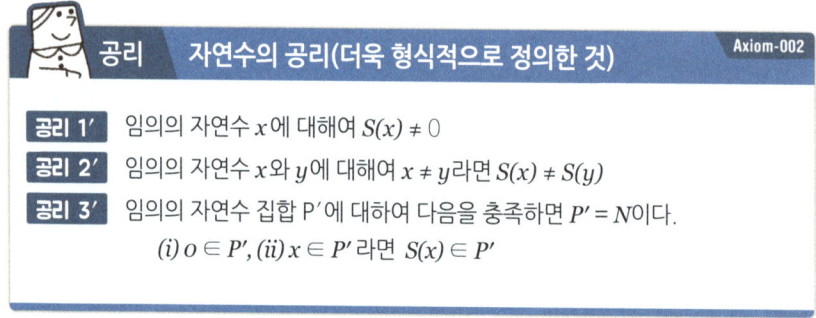

표현은 다르지만 3-1에서 나온 자연수의 공리 Axiom-001과 의미는 동일합니다. 전자는 우리가 일상에서 사용하는 언어로 작성되었고, 후자는 형식적인 언어로 쓰여진 것입니다. 큰 차이는 기호를 사용하는 것입니다. 변수 x와 y는 일반 자연수를 나타내는 "대명사"로서 기호 0을 나타내는 고유 명사입니다. 예를 들어 공리 1'의 「S(x)≠0」는 「제로는 x의 후자가 아니다」라는 의미입니다. 표현도 일상 용어의 표현에서 형식적인 표현까지 다양한 표현이 있습니다.

다음은 공리 2'를 다르게 표현한 것입니다.

① 서로 다른 2개의 자연수는 각각 다른 후자를 가진다.
② 2개의 자연수에서 만약 둘이 다르다면 각각 다른 후자를 가진다.
③ 임의의 자연수 x와 y에 대하여 $x \neq y$라면 $S(x) \neq S(y)$이다.
④ $\forall\ x, y \in N, x \neq y \rightarrow S(x) \neq S(y)$

사실, 수학에서 어떤 명제도 마지막과 같은 식(이런 식을 논리식이라고 합니다)으로 쓸 수 있습니다. 일상 용어에서 「2개의 자연수 x와 y」의 경우, 보통 x와 y는 다르다는 것이 전제이지만 수학에서는 x=y인 경우도 포함된다는 점에 주의합니다. 논의를 전개하는데 이렇게 하는 것이 훨씬 편리하기 때문입니다. 따라서 ①의 표현보다는 ②의 식을 선호하므로 ②의 표현도 익혀둡시다.

공리 3'에 대해서는 약간의 설명이 필요합니다. 공리 3은 자연수의 「성질」에 관해 설명하고 있지만 공리 3'은 자연수의 「집합」에 대해 설명하고 있습니다. 일상 용어는 표현 방법이 많고, 미묘한 뉘앙스의 차이를 표현할 수 있지만 형식적일수록 의미가 한정됩니다. 수학에서는 「참인가 거짓인가를 나타내는 표현」을 **명제**라고 하고, 수학에서 「성질」은 **명제**로 설명됩니다. 처음에 공리 3에서는 「어떤 자연수가 그 성질을 가진다」라는 표현을 사용하고 있지만 이것은 어느 자연수 x가 주어지면 참인지 거짓인지가 정해지므로 명제입니다. 이러한 명제를 P(x)로 나타낼 수 있습니다. 다음은 공리 3과 공리 3'의 비슷한 표현입니다.

공리 자연수의 공리 3″ Axiom-003

성질 P가 다음의 (i) 와 (ii)를 충족한다면 모든 자연수가 P를 충족한다.
(i) P(o)
(ii) 임의의 x에 대하여 P(x)이면 P(x+1)

3-4 집합과 명제

다음에서 **집합 P를 계산한다**는 것이 무엇인가를 생각해 보겠습니다. "집합을 계산한다"라는 표현은 그다지 친숙하지 않을지도 모릅니다.

어떤 x를 가지고 왔을 때 x가 P의 요소인지 아닌지를 판단하는 것을 「집합 P를 계산한다」라고 합니다.

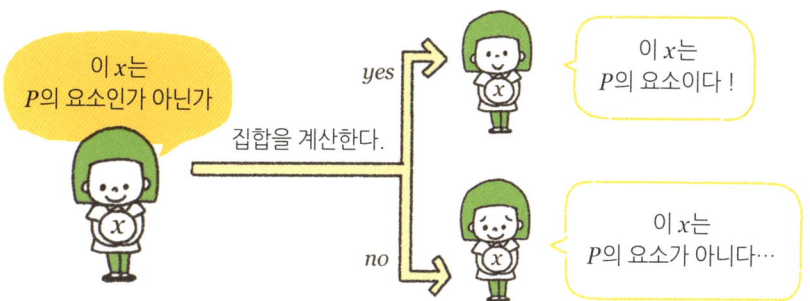

다음은 명제 P에 대해서도 생각해 보겠습니다. 명제는 주어진 대상 x에 대해서 참 또는 거짓의 두 가지 선택으로 대답할 수 있는 표현을 말합니다.

위의 그림에서도 알 수 있듯이 집합 P를 계산하는 것과 명제 P를 푸는 것은 같다고 말할 수 있습니다.

공리 3' 을 복습하겠습니다.

임의의 자연수 집합 P'에 대해 다음을 충족한다면 $P'=N$ 이다.
(i) $0 \in P'$, (ii) $x \in P'$이면 $S(x) \in P'$

여기에서 공리 3 과 공리 3' 이 사실은 같은 것을 의미하고 있다는 것을 앞에서 설명한 「어느 행성의 우주인 이야기」를 예로 설명하겠습니다. P(x)를 다음의 명제로 합니다.

$P(x)$ 번호 x의 아파트 주민은 알고 있다.

그러면 명제 P를 집합 P'의 형태로 말하면 다음과 같이 됩니다.

$P' = \{\ x\ |\ P(x)\ \} = \{\ P(x)$를 충족하는 x 전체 $\}$
   $= \{$ 여왕의 회임을 알고 있는 우주인의 아파트 번호 $\}$

증명해야 할 것은 「모든 우주인이 알고 있다」는 것, 즉 P'=N입니다. 공리 3' 의 (i)는 귀납법의 기초로 「0∈P'」, 즉 「P(0)이 참」 다시 말하면 「번호 0의 주민은 알고 있다」입니다. (ii)는 귀납 단계로 「x∈P'라면 x+1∈P'」, 즉 「P(x)라면 P(x+1)」 다시 말하면 「번호 x의 주민이 알고 있다면 번호 x+1의 주민도 알고 있다」가 됩니다.

다시 말해서 공리 3' 은 일상 용어로 작성된 공리 3 을 형식적인 표현으로 바꿔 쓴 것입니다.

집합의 개념을 사용하면 「x는 자연수이다」라는 표현은 「x∈N」이라고 쓸 수도 있습니다. 또한, 「A는 자연수의 집합이다」라는 표현은 「A⊂N」이라고도 쓸 수 있습니다.

자연수의 정의와 공리 1, 2, 3을 합친 것을 페아노의 공리계 또는 페아노의 산술 이라고 합니다.

페아노 공리계 또는 페아노 산술
자연수의 정의 자연수의 공리
전부 합쳐서 자연수의 성질까지를 명확히 결정한다.

3-5 숫자의 정의가 수학의 토대

「왜 자연수를 정의할 필요가 있나요?」라고 궁금해 하는 독자들도 있을지 모릅니다. 또한, 이번 장에서 한 자연수의 정의는 매우 인공적이고 부자연스러운 느낌이 들었을지도 모릅니다. "원래 자연수는 인간의 머릿속에서 생각해 낸 것이 아니라 인간이 없어도 원래 존재했던 것이다"라고 생각하는 사람도 있을 것입니다. 숫자는 어린 아이도, 먼 옛날 그리스 사람이나 바빌로니아 사람도, 영어를 사용하는 미국인도, 한국어를 사용하는 한국인도 해석의 차이 없이 완전히 동일한 개념을 공유하고 있습니다. 그래서 만약 외계인이 있다고 가정하면 외계인도 동일한 숫자의 개념을 가지고 있을지도 모릅니다.

사건의 기원은 자연수가 아니라 실수였습니다. 예를 들어 $\sqrt{2}$는

$$\sqrt{2} = 1.14142\cdots$$

로 소수점 이하는 무한대로 계속되는 무한 소수로 나타낼 수 있습니다. 이러한 무한 열을 인정할 수 있을까요? 원래 "실수"란 무엇일까요? 근세 들어, 미적분학은 크게 진보하여 유익한 결과가 많이 만들어졌지만 기초가 제대로 되어 있지 않았기 때문에 저명한 수학자도 엉성한 추론을 하고, 오류를 자주 범하였습니다.

이러한 이유 때문에 "실수의 정확한 정의"가 요구되었습니다. 그것은 우선 자연수의 정의부터 시작해야 합니다. 자연수라고 해도 단순히 자연수의 집합을

$$N = \{\ 0,\ 1,\ 2,\ \cdots\ \}$$

만 정의하면 된다는 것은 아닙니다. 덧셈이나 곱셈 등의 연산과 대소 관계라든지 짝수, 홀수 등과 같이 다양한 성격을 정의하고, 자연수에 관한 여러 가지 정리를 엄밀하게 증명해야 합니다. 즉, **자연수론**, **정수론** 등 이론의 구축입니다. 거기에서는 공리와 정리가 무엇인지, 공리와 정리는 어떤 언어를 사용하여 어떻게 표현하면 좋을지에 대해서 문제가 되었습니다. 물론 알고리즘이 무엇인지, 알고리즘은 어떻게 표현하면 좋을지도 생각하게 되었습니다. 다양한 개념의 정의와 정리의 증명에서 강력한 위력을 발휘한 것이 "귀납법"입니다. 또는, 귀납법이 유일한 방법이라고 해도 좋을지도 모릅니다. 수학적 귀납법은 오래 전부터 존재했는데 파스칼이 사용했다는 사실이 중세 아라비아 수학에 표기되어 있다고 하는 사람도 있습니다. 수학적 귀납법을 자연수 이론이라는 시스템 안에서 볼 때 위에서 설명한 내용의 형태로 공식화한 것은 페아노이며, 「페아노 공리계」는 이런 모든 수학의 토대가 되고 있습니다.

Chapter 4 계산 모델

기계가 어떻게 사고하고, 어떻게 문제를 풀어가는지를 프로그램을 사용하면서 생각해 보겠습니다. 이 책에서는 프로그램을 이해하기 위해 초보자도 쉽게 이해할 수 있는 "계수 기계"라는 단순한 계산 모델을 사용하여 설명하겠습니다. 어떤 복잡한 계산도 이 간단한 계산 모델로 풀 수 있다는 것에 주목해야 합니다.

4-1 알고리즘과 기계

기계에는 기계의 메커니즘 부분을 가리키는 **하드적인 면**과 사고 부분을 가리키는 **소프트적인 면**이 있습니다. 기계를 만들기 위한 연구는 양측에서 접근할 필요가 있습니다. Chapter 1에서「알고리즘이란 계산하는 절차」라고 말했습니다. 기계로 계산을 하는 경우, 하드적인 면과 소프트적인 면 모두를 제대로 연계해서 적용시켜야 계산을 할 수 있는데 이러한 것을 통합해서 알고리즘이라고 할 수 있습니다. 이번 장에서는 두 가지 측면에서 알고리즘의 전체상을 살펴보겠습니다.

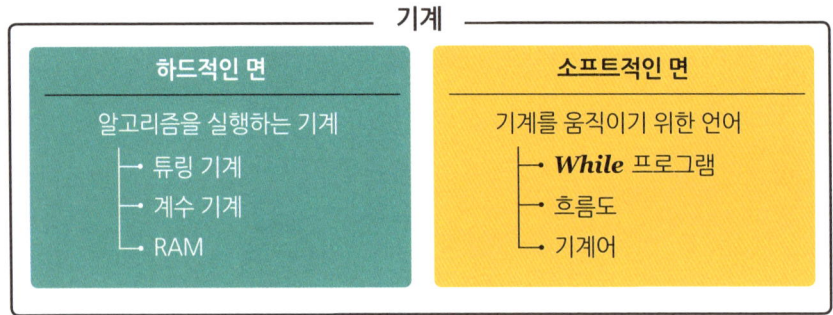

4-2 알고리즘과 흐름도

우선 소프트적인 면에서 접근해 보겠습니다. 물질을 분해해 가면 마지막은 원자에 도달하듯이 알고리즘도 그 조작 절차를 분해해 가면 결국은 아주 단순한 구성 요소에 도달합니다.

알고리즘은 실제로 몇 개의 실행이 가능한 명령으로 구성됩니다. 이러한 명령을 어떤 순서대로 실행할지를 풀이한 것이 <mark>흐름도</mark>입니다. 흐름도는 다음의 블록을 조합하여 구성합니다.

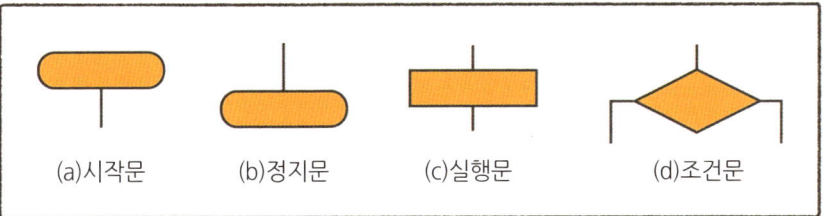

(a)는 <mark>시작문</mark>으로 이것이 나타내는 명령에서부터 시작합니다. (b)는 <mark>정지문</mark>으로 여기에 도달하면 종료합니다. 명령은 데이터를 조작하는 <mark>실행문</mark>과 데이터를 조사해서 다음에 어떤 명령을 수행할지를 판단하는 <mark>조건문</mark>으로 이루어져 있습니다. 실행문은 (c)로, 조건문은 (d)로 표시합니다. 이러한 흐름도는 알고리즘을 사용자가 시각적으로 알기 쉽도록 고안된 표기법입니다. 기계를 움직이기 위한 언어, 즉 프로그램의 표기법으로 사용되므로 반드시 기억해 둡니다.

4-3 계수 기계와 프로그램

초보자와 해당 분야의 개요를 대충 알고 싶은 사람에게는 복잡한 튜링 기계의 프로그램을 이해하는 것이 어려울 것으로 생각됩니다. 그래서 이 책에서는 프로그램을 이해하기 위해 <mark>계수 기계</mark>라는 초보자도 쉽게 이해할 수 있는 계산 모델을 사용합니다. 계수 기계는 모양은 달라도 본질적으로 튜링 기계와 같은 것으로 생각하면 됩니다. 계수 기계는 현재의 컴퓨터와 친화성이 높기 때문에 현재의 컴퓨터 과학이라는 측면에서 계산 이론을 설명하려면 오히려 해당 모델이 더욱 적합합니다.

계수 기계는 계수기라는 몇 개의 상자를 가지고 있습니다. 상자에는 $x_0, x_1, x_2, ...$ 라고 이름(라벨)이 붙어 있습니다.

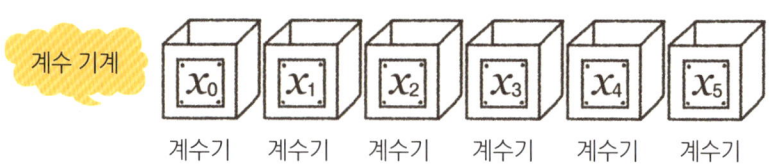

계수 기계

상자에는 돌멩이를 넣을 수 있습니다. 돌멩이의 개수는 자연수를 나타내는데 바꿔 말하면, 계수기는 자연수를 넣어 두는 용기입니다. 실행하는 연산에서는 상자에 돌멩이를 1개 넣거나 상자에서 돌멩이를 1개 뺄 수 있습니다. 이외의 연산은 할 수 없습니다. 또한, 상자가 비어 있는지 아닌지도 판정할 수 있습니다.

계수 기계의 **기본 실행 명령**을 식으로 쓰면 다음과 같습니다.

(1) x_i ++   (2) x_i --

여기에서 i는 0, 1, 2, … 중 하나입니다. (1)은 계수기 x_i에 돌멩이를 1개 넣는 것을, (2)는 계수기 x_i에서 돌멩이를 1개 빼내는 것을 의미합니다. 단, 계수기 x_i가 비어 있는 경우에는 뺄 수가 없기 때문에 빈 상태라고 합니다.

다음은 계수 기계의 **기본 판정 명령**입니다.

(3) $x_i = 0$?

이것으로 계수기 x_i가 비어 있는지를 판단합니다. 어떤 상자에는 역할이 주어져 있습니다. x_I을 입력용 상자, x_o을 출력용 상자라고 합니다. 입력용 상자에 돌멩이를 넣고, 그 이외의 다른 상자는 비어 있는 채로 계산을 시작합니다.

그럼 실제로 프로그램을 작성해 봅시다. 다음의 흐름도는 입력을 2배로 하는 프로그램을 나타냅니다.

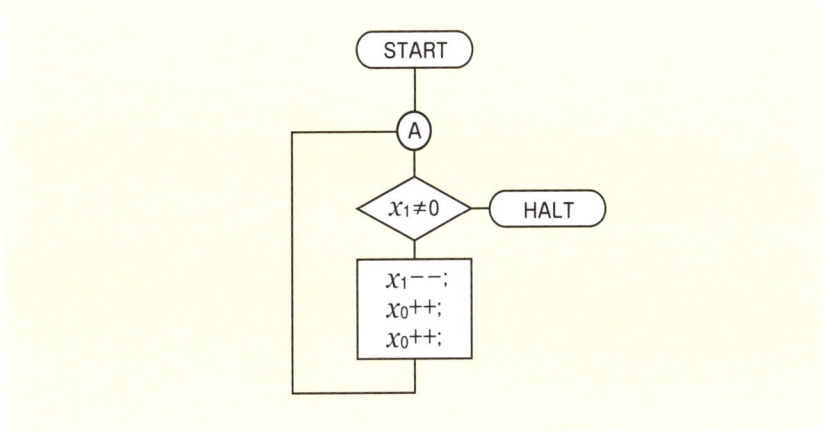

입력용 상자 x_I에 k개의 돌멩이를 넣습니다. x_I에서 돌멩이를 1개 뺄 때마다 x_o에 돌멩이 2개를 넣습니다. 이 작업을 상자 x_I이 비워질 때까지 반복합니다. x_I이 비워 졌을 때 출력용 상자 x_o에는 $2k$개의 돌멩이가 들어 있을 것입니다.

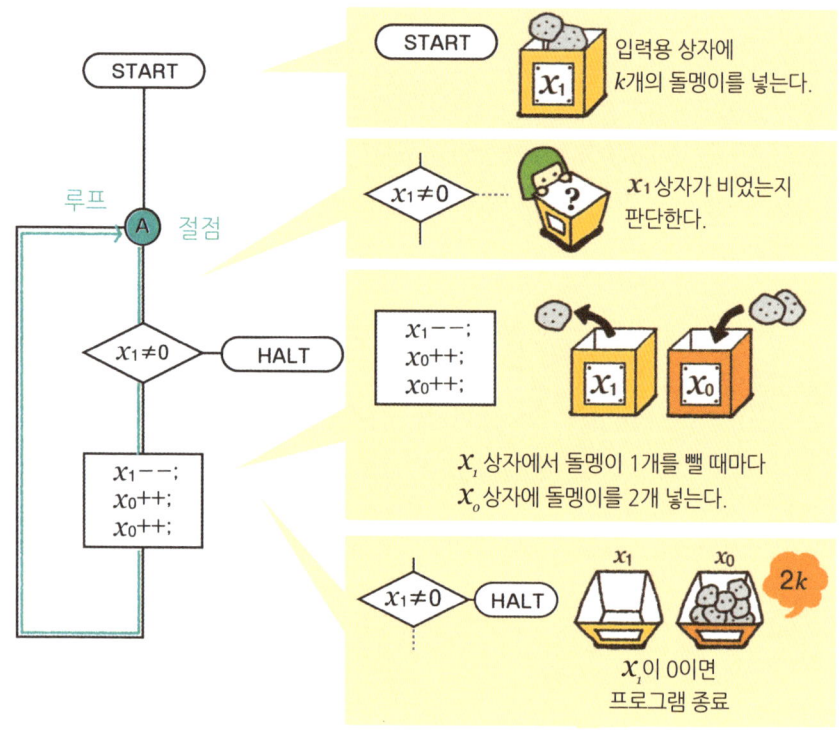

이것을 「**프로그램 P는 입력 k에서 2k를 출력한다**」라고 합니다. 해당 프로그램이 올바른지 증명하겠습니다. 이 프로그램은 간단해서 거의 증명할 필요도 없지만 이 책에서는 프로그램에 관해서 가능한 증명을 하도록 하겠습니다. 다시 흐름도를 봅시다. 점 A에서 조건문과 실행문을 통과하면 또 다시 점 A로 돌아갑니다. 이렇게 어느 점에서 출발하여 같은 점에 다시 돌아오는 경로를 **루프**라고 하고, 점 A와 같이 루프를 가로지르는 점을 **절점**이라고 합니다.

프로그램이 올바른지 증명하는 요령은 「절점에서 어떤 양이 불변하는가」를 찾는 것입니다. 절점은 어디에 설정해도 상관 없지만 증명 포인트는 어떤 양이 불변인지를 판별하는 것입니다. 가계부에 옮겨서 생각해 보겠습니다.

가계부는 수입란과 지출란이 있습니다. 자신이 작성한 가계부가 정확히 기재되어 있는지는 어떻게 판단하면 좋을까요? 그것은 「수입에서 지출을 뺀 금액이 잔액이 된다」는 식이 항상 성립되면 그 가계부는 제대로 기입되었다고 할 수 있습니다. 「수입에서 지출을 뺀 금액이 잔액이 된다」는 것이 항상 성립하는지를 증명하는 것에는 수학적 귀납법을 사용합니다.

어떻게 이런 조건을 찾은 거지…?
저 혼자서는 못 찾겠어요.

기하의 보조선 같은 거란다.
몇 개의 예를 보면 이해될 거야

조금 전의 프로그램을 다시 생각해 보겠습니다. 우선 적당한 절점을 선택해서 프로그램의 루프를 절단합니다. 그런 다음 해당 절점에서 어떤 조건이 성립하는지를 생각합니다. 마지막으로 절점에 붙은 조건이 성립하는 것을 수학적 귀납법으로 증명합니다. 그럼 실제로 해 봅시다. 앞의 프로그램에서 절점 A에 다음의 조건 (a)를 분배합니다.

(a) $x_0 + 2x_1 = 2k$

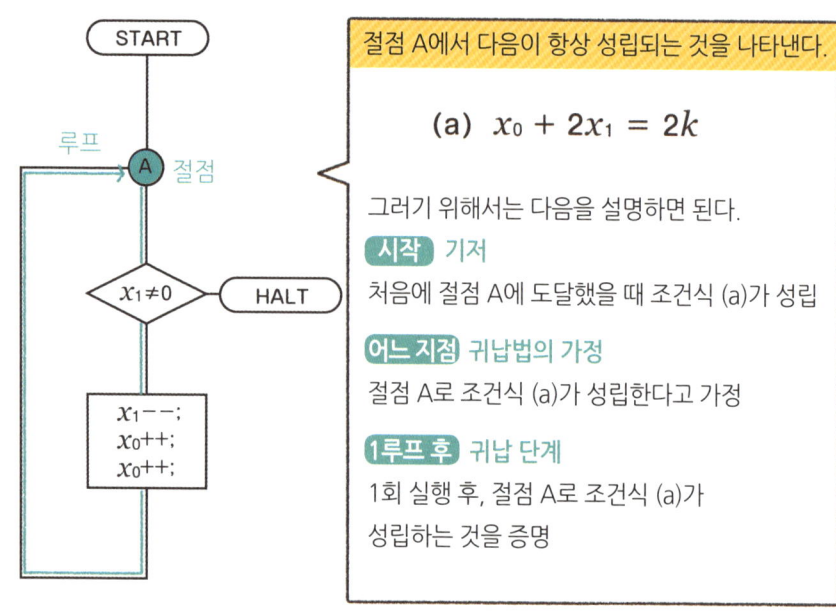

절점 A에 도달했을 때 항상 조건문 (a)가 성립되면 해당 프로그램은 올바른 것이 됩니다. 항상 성립하는 것은 수학적 귀납법을 사용하여 증명합니다. 처음에 절점 A에 도달하면 (a) $x_0 + 2x_1 = 2k$가 성립하는지를 생각합니다. 이것이 수학적 귀납법의 기저입니다.

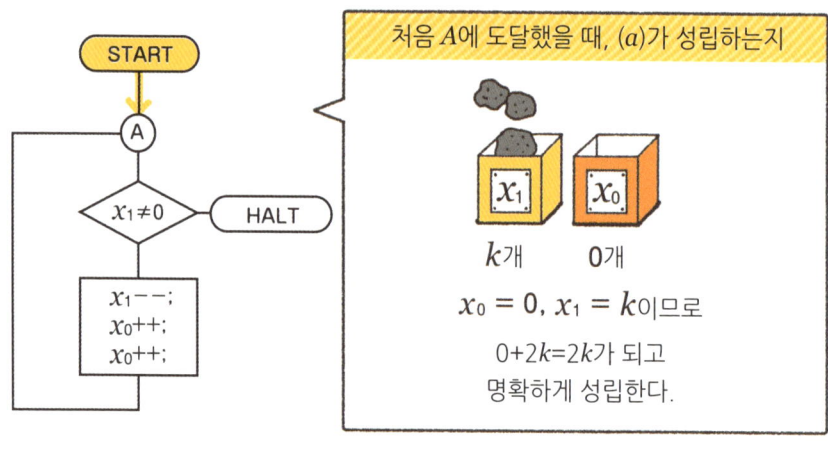

어느 지점에서 절점 A로 (a)가 성립했다고 가정합니다. 이것이 수학적 귀납법의 가정입니다. $x_1 \neq 0$이라고 하겠습니다. 이 경우 다음의 명령이 실행되고, 다시 절점 A로 돌아갑니다.

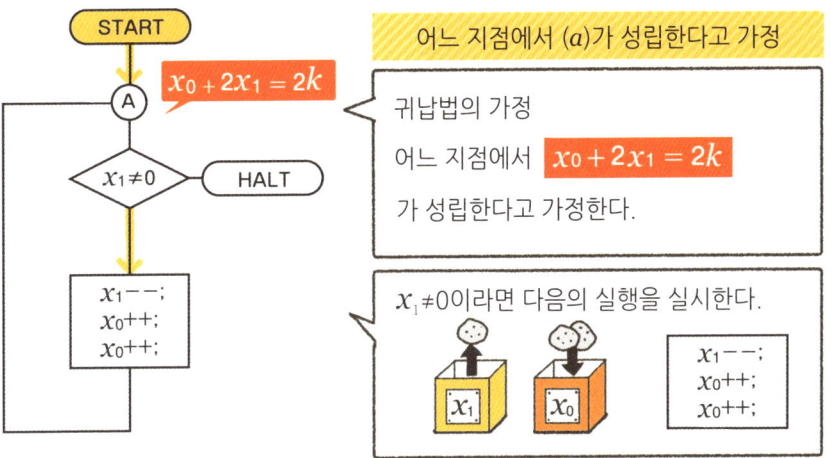

실행문이 실행된 후 x_0, x_1의 값을 x_0', x_1'이라고 합니다.

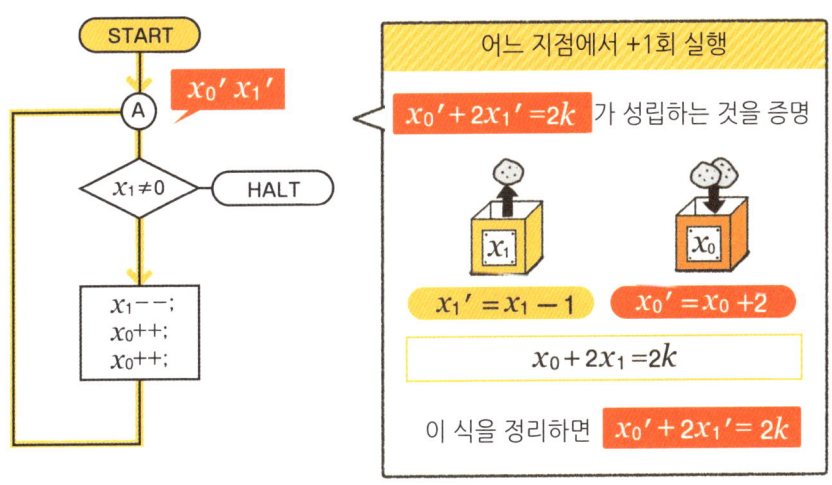

x_1 --가 1회, x_0 ++가 2회 실행되기 때문에

$$x_1' = x_1 - 1, \quad x_0' = x_0 + 2$$

가 됩니다. 따라서 귀납법의 가정 (a)에 이를 대입하면

$$(x_0' - 2) + 2(x_1' + 1) = 2k$$

가 되고, 이 식을 정리하면

$$x_0' + 2x_1' = 2k$$

가 됩니다. 따라서 x_0'과 x_1'에 대해서도 (a)가 성립합니다. 그러므로 귀납법에 의해 임의의 시점에서 (a)가 성립한다고 할 수 있습니다. 절점 A에서 $x_1 = 0$이 성립하는 경우를 생각해 보겠습니다. 이러한 경우는 프로그램을 종료합니다. (a)와 $x_1 = 0$이므로 프로그램이 종료한 시점에서는 항상 $x_0 = 2k$가 성립합니다.

위의 프로그램에서 입력은 x_1로 상자가 1개였지만 일반적으로 입력은 1개만이 아닙니다. 입력이 n개일 경우는 $x_1, x_2, ..., x_n$을 입력용 상자라고 하겠습니다. 다음의 예는 2개의 입력을 덧셈하는 프로그램입니다. 따라서 x_1과 x_2가 입력용 상자가 됩니다.

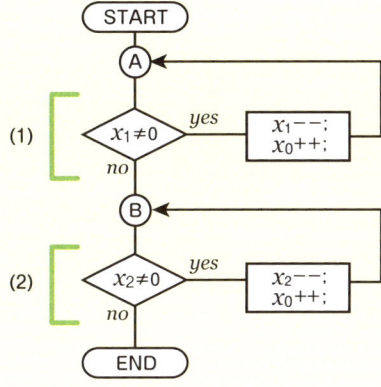

프로그램의 실행 과정을 살펴보겠습니다. 우선 (1)에서 상자 x_1에 들어있는 돌멩이를 상자 x_0로 옮깁니다. 다음 (2)에서 상자 x_2에 들어있는 돌멩이를 x_0로 옮깁니다. 이와 같이 x_1에 x개, x_2에 y개의 돌멩이를 넣고 계산을 시작하면 P가 정지했을 때 출력용 상자 x_0에는 $x + y$개의 돌멩이가 들어 있습니다. 즉, 프로그램 P는 입력 x, y에 대하여 $x + y$를 출력합니다.

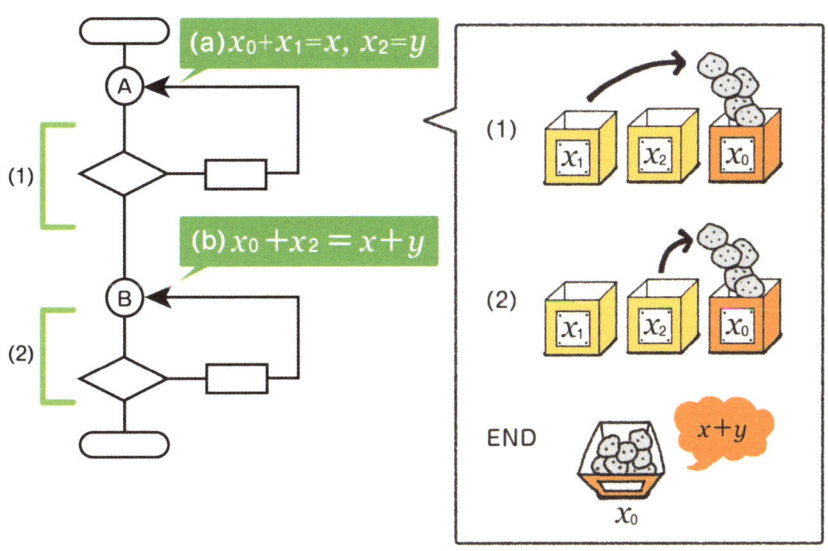

해당 프로그램이 올바른지 증명하려면 절점 A에서 다음의 조건 (a)가 성립하고, 절점 B에서는 조건 (b)가 성립하는 것을 보여주면 됩니다.

(a) $x_0 + x_1 = x, x_2 = y$
(b) $x_0 + x_2 = x + y$

4-4 계수 기계와 현재의 컴퓨터

계수 기계는 아주 단순한 계산 모델입니다. 어떤 복잡한 계산도 계수 기계의 기본적인 조작을 조합하여 구성하면 계산할 수 있다는 것을 오랜 경험과 실습에서 알 수 있습니다. 이것은 계산의 절차(알고리즘)가 있다면 어떤 어려운 문제도 계수 기계에서 실제로 계산이 가능하다는 것을 의미합니다. 다시 말하면, 현재의 어떤 슈퍼 컴퓨터도 계수 기계와 동일한 능력이라는 것입니다. 그것뿐만 아니라 미래에 출현할 어떤 컴퓨터도 계수 기계의 능력을 뛰어넘지 않을 것이라고 생각됩니다.

정말 그럴까요? 이런 장난감 같은 계수 기계에 그런 능력이 있을까요? 마치 유치원생이 씨름의 천하장사와 같은 능력이 있다고 말하는 것처럼 느껴집니다. 이러한 것을 알기 위해서 현재의 컴퓨터 프로그램에 대해 좀더 생각해 보겠습니다.

Chapter 5 | 사고를 *while* 프로그램으로 표현해 보자

while 프로그램은 세계에서 가장 간단한 프로그래밍 언어입니다. 이때까지 한번이라도 프로그래밍 언어를 사용해 본적이 있는 사람이라면 빨리 습득할 수 있을 것이라고 생각합니다. 반면, 아직 프로그래밍 언어 등에 아무것도 모르는 사람은 세상에서 이렇게 간단한 프로그래밍 언어가 없으므로 이번 기회에 꼭 배워봅시다.

5-1 기계와 프로그램

우리는 언어 덕분에 사람들 사이에서 자신의 생각을 전달하거나 자신의 생각을 기록할 수 있습니다. 또한, 무엇인가를 생각할 때에도 언어가 필요합니다. **프로그래밍 언어**도 알고리즘을 설명하기 위해 인간이 만들어낸 일종의 언어입니다. 한국어나 영어와 같은 자연 언어에 비교하면 여러 가지 제한도 많지만 원리적인 알고리즘의 기술 능력으로서 프로그래밍 언어는 한국어와 같은 자연 언어와 동등한 능력을 가지고 있습니다.

여러분은 "프로그램"이라고 하면 우주 탐사기 프로그램이나 날씨 예보 프로그램 등과 같은 고급 프로그램을 떠올릴 것입니다. 그에 비해 이 책에서 다루는 **while 프로그램**은 매우 단순합니다. 이미 일반적인 프로그램을 다루고 있는 독자들에게는 어린이의 세발 자전거와 점보 제트기를 비교하고 있는 것처럼 생각될지도 모릅니다. 그러나 **while 프로그램**이야말로 일반적으로 사용되고 있는 프로그래밍 언어의 본질을 다루고 있는 것으로 불필요한 부분을 배제한 프로그래밍 언어의 원석이라고 할 수 있습니다.

알고리즘의 기술 방법으로 *while* 프로그램과 흐름도를 사용하여 설명하겠습니다. 흐름도는 직관적으로 알기 쉽고 초보자도 바로 이해할 수 있지만 공책이나 책에 쓸 때는 종이를 많이 사용하므로 비경제적입니다.

알고리즘을 생각할 때는 흐름도가 편할지 모르지만 기록하기에는 문자열로 표시되는 ***while*** 프로그램이 보다 효율적입니다.

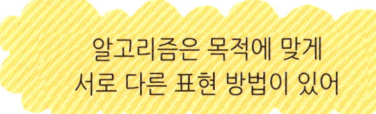

알고리즘은 목적에 맞게 서로 다른 표현 방법이 있어

while 프로그램과 흐름도는 프로그래밍 언어의 표현 방법 중 하나입니다. 그것을 실행하는 물리적인 매체가 계수 기계입니다. 계수 기계에 프로그램을 설정하면 계수 기계는 주어진 프로그램대로 계산을 실행합니다.

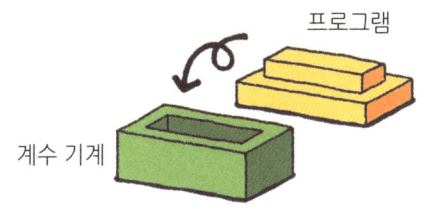

5-2 프로그램의 능력과 등가성

수학에서는 「두 프로그램이 동등하다」 등의 "등가성"이 가장 기본적이고 중요한 개념입니다. 기계가 동등하다는 것은 간단하게 말하면 질문이 주어졌을 때 같은 대답을 하는 것입니다. 상세한 설명은 다음 절에서 설명하겠습니다. ***while*** 프로그램은 현존하는 어떤 프로그램과도 등가성의 의미에서 동등한 능력을 가지고 있지만, 또한 주목할 점은 기존 프로그램과의 비교에 그치지 않고, 미래의 어떤 프로그램과 비교해도 ***while*** 프로그램의 능력을 넘어 서는 것은 나오지 않을 것입니다. 다시 말하자면, ***while*** 프로그램이 **궁극의 프로그래밍 언어**라고 해도 과언이 아니라는 겁니다. 물론 그것을 설명하기에는 많은 시간이 필요합니다.

5-3 사람의 사고와 프로그램의 문장 구조

눈 앞의 접시에 많은 사과가 놓여져 있습니다. "사과가 없어질 때까지 먹는다"라는 동작을 생각해 보겠습니다. 당신의 머릿속에서는 눈앞에 놓인 많은 사과가 없어질 때까지 먹는 동작을 어떻게 실행하나요? 이러한 동작은 다음과 같이 나누어 생각할 수 있습니다. 「접시에 놓인 사과를 보고 사과가 0개가 아니면 1개를 먹습니다. 다시 한 번 접시를 봅니다. 접시에 사과가 0개가 아니면 또 1개를 먹습니다. 이것을 반복하면서 접시를 봅니다. 접시에 사과가 0개입니다. 잘 먹었습니다(종료).」

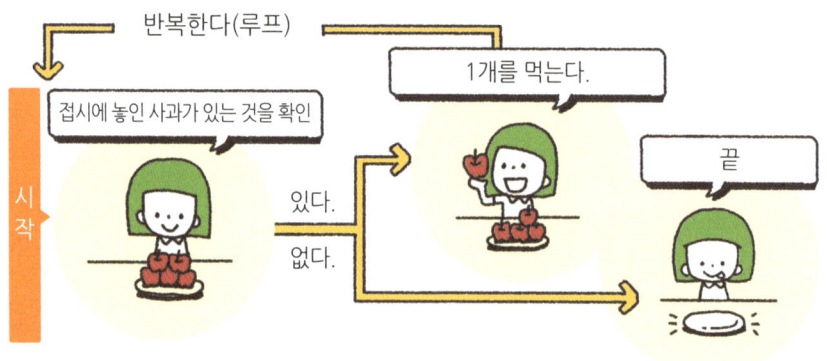

「눈앞의 접시에서 사과가 사라질 때까지 먹는다」라는 일련의 동작에는 반복(루프)이 포함되어 있습니다. 「공책에 글쓰기」, 「신문을 구석구석까지 다 읽기」, 「역까지 걷기」 등 일상의 사고와 행동에도 유사한 반복(루프)이 포함되어 있습니다.

이러한 일련의 동작을 기계에게 실행시키기 위한 메커니즘을 생각해 보겠습니다. 프로그램에도 많은 종류가 있지만 가장 간단한 프로그래밍 언어인 **while** 프로그램으로 생각해 보겠습니다.

5-4 *while* 프로그램의 문법

while 프로그램은 매우 엄격한 규칙이 있습니다. 다음의 문법에 준하여 쓰여진 것만이 *while* 프로그램 문장으로 인정됩니다.

☑ 1. 변수

while 프로그램에서 사용할 수 있는 **변수**는 $x_0, x_1, x_2, x_3, ...$에 한정됩니다. 계수 기계는 계수기라는 자연수를 포함하는 상자를 가지고 있습니다. **변수**는 이 상자에 붙여진 이름(라벨)이라고 생각하면 이해하기 쉬울 겁니다.

다음의 형태로 나타낸 표현을 *while* 프로그램의 **기본 실행 문장**이라고 합니다.

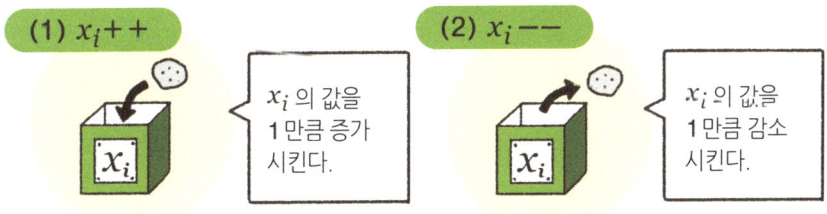

(1) x_i++ x_i의 값을 1만큼 증가시킨다.

(2) x_i-- x_i의 값을 1만큼 감소시킨다.

여기에서 x_i는 변수입니다. x_i++는 x_i의 값을 1만큼 증가시키는 것을,

x_i--는 x_i의 값을 1만큼 감소시키는 것을 의미합니다(단, x_i의 값이 0이면 0으로 유지합니다).

☑ 2. 문장

while 프로그램 문장이란 앞에서 정의한 <기본 실행 문장>과 다음에 정의된 <***while*** 문장> 그리고 <복합 문장>을 의미합니다.

※ 프로그램 세계에서는 단어를 < >로 묶어 학술어임을 강조하는 경우가 많습니다. 여기에서는 이러한 습관을 따르기로 하겠습니다.

<***while*** 문장>은 다음의 형태로 구성된 표현입니다.

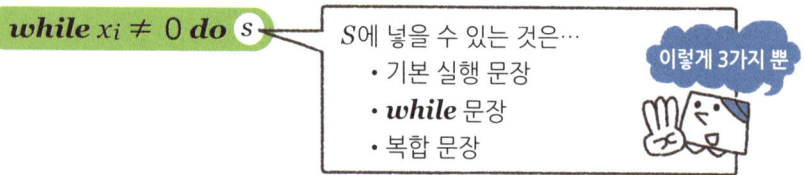

while $x_i \neq 0$ do s

S에 넣을 수 있는 것은…
- 기본 실행 문장
- ***while*** 문장
- 복합 문장

이렇게 3가지 뿐

s는 문장이고, x_i는 변수입니다. x_i가 0이 아닐 동안 s를 실행하는 것을 의미합니다. s라고 하면 x나 y 같은 변수를 떠올리는 독자도 있을지 모르겠지만 여기의 s에는 「문장이 들어간다」는 것에 유의합니다. <복합 문장>은 다음의 형태로 구성된 표현입니다.

begin s_1; s_2; ...; s_m ***end***

$s_1, s_2, ..., s_m$($m \geq 0$)은 문장입니다. 다시 말하면 복수의 문장을 괄호(***begin***과 ***end***)를 써서 하나의 문장으로 구성한 것이 복합 문장입니다.

<문장>의 정의에서 아직 정의되지 않은 <***while*** 문장>과 <복합 문장>이 나옵니다. 또한, <***while*** 문장>의 정의에 아직 정의가 끝나지 않은 <문장>과 <***while*** 문장>, <복합 문장>이 나옵니다.

어떤 대상을 정의할 때 일반적으로 정의되지 않은 것을 사용해서는 안되지만 그것을 특별히 허락한 것이 이전 장에서 설명한 **귀납적 정의**입니다.

$m=0$의 경우는 어떻게 되나요?

$m=0$의 경우는 문자의 숫자가 0으로 *begin end*가 된단다.
이것도 복합 문장의 하나로 생각하는 거야.
동작으로는 「아무것도 안 한다」라는 의미의 문장이 된단다.

그럼 **while** 문장에서 문장 구조(**while** $x_i \neq 0$ **do** s)의 s부분에는 구체적으로 〈문장〉을 넣어봅니다.

$$\textbf{\textit{while}}\ x_2 \neq 0\ \textbf{\textit{do}}\ x_2\text{--} \qquad ①$$

라는 문장을 생각해 보겠습니다. 이것은 **while** 문장에서 문장 구조 **while** $x_i \neq 0$ **do** s의 s 부분에 x_2--가 들어 있는 구조입니다. x_2--은 〈기본 명령 문장〉이므로 〈문장〉입니다. 따라서 **while** $x_2 \neq 0$ **do** x_2--는 〈**while** 문장〉입니다. 이 문장의 의미는 x_2의 값이 0이 될 때까지 x_2에서 1을 빼는 것을 나타냅니다. 즉, x_2를 0으로 설정하는 것과 같은 내용입니다.

복합 문장의 예를 살펴보겠습니다.

$$\textbf{\textit{begin while}}\ x_2 \neq 0\ \textbf{\textit{do}}\ x_2\text{--};$$
$$x_2\text{++}\ ;\ x_2\text{++}\ ;\ x_2\text{++}$$
$$\textbf{\textit{end}}$$

앞의 문장은 복합 문장 (***begin*** s_1 ; s_2 ; ... ; s_m ***end***)의 구조로 되어 있으므로 〈문장〉입니다. ①의 〈***while*** 문장〉이 〈문장〉이라는 것과 x_2++가 〈문장〉이라는 것에 의해 이것도 〈문장〉입니다. 이것은 x_2의 값을 3으로 설정하는 것을 나타냅니다. 이것을 보통 프로그래밍 언어에서는

$$x_2 \leftarrow 3$$

이라고 표현합니다. 이러한 표현을 일반적으로 <mark>대입 문장</mark>이라고 하지만 이것에 대해서는 나중에 다시 설명하겠습니다.

위에서 설명한 것은 ***while*** 프로그램의 "문법"입니다. 즉, 주어진 문자열이 문법적으로 올바른 문장인지 아닌지를 규정하는 하나의 규칙입니다. 기본 명령 문장을 바탕으로 ***while*** 문장과 복합 문장으로 구성된 문장만이 (문법적으로 올바른) 문장이며, 그 이외는 문장이 아닙니다.

한꺼번에 많은 정의가 나와서 정리해 두고 싶어요!
「***while*** 문장」과 「***while*** 프로그램 문장」은 다른 건가요?

그래, 다르단다.
while $x_i \neq 0$ ***do*** s를 〈***while*** 문장〉이라고 하고,
while 문장, 복합 문장, 기본 실행 문장 이렇게 3가지를 가리켜
while 프로그램의 〈문장〉이라고 부른단다. 그러니까
〈***while*** 문장〉은 〈복합 문장〉, 〈기본 실행 문장〉과 같은데
이러한 전체가 하나의 학술어이기 때문에 ***while***과 「문장」을
따로 떼어서 생각할 수 없단다.

5-5 일반적인 프로그램과 *while* 프로그램의 차이 (등가성)

5-2에서 *while* 프로그램은 다른 일반 프로그램과 동등한 능력이 있다고 설명했습니다. 여기에서는 능력의 동등성에 주목하면서 *while* 프로그램과 일반 프로그램을 비교해 보겠습니다.

while 프로그램이 「무엇을 어떻게 계산하는가」라는 형식적인 정의는 Chapter 6에서 설명하겠습니다. 여기에서 각 프로그램에는 입력 개수 n이 정해져 있는데 x_1, x_2, ..., x_n은 <mark>입력 변수</mark>라고 하고, x_0은 <mark>출력 변수</mark>라는 것을 기억해 둡시다. *while* 프로그램이 사용할 수 있는 변수로 허용되는 것은 x_0, x_1, x_2, x_3, ...뿐이지만 일반 프로그램에서의 변수는 개수, 단가, 합계, ... 등의 대상에 따라 GAESU, DANGA, HAPGYE ... 등의 구체적인 이름을 사용할 수 있으며, 프로그램을 알기 쉽게 표현할 수 있습니다. 변수만 봐도 *while* 프로그램에는 제약이 있기 때문에 순간적으로 이해하기 어려운 프로그램입니다. 그러나 여기에서의 포인트는 이해하기 쉽게 하는 것이 아니므로 프로그램으로서의 능력을 생각해 봅시다.

여기에서는 일반적인 프로그램처럼 변수로 임의의 이름을 사용할 수 있다고 하겠습니다. 단, 몇 개의 변수(n개라고 한다)가 입력 변수로, 1개의 변수가 출력 변수로 지정된다고 하겠습니다.

이렇게 확장된 프로그램에서 사용하는 n개의 입력 변수를 x_1, x_2, x_3, ...로 대체하고, 하나의 출력 변수를 x_0으로 하고, 나머지 변수를 x_{n+1}, x_{n+2}, ...로 고쳐 쓰면 일반적인 프로그램을 *while* 프로그램으로 바꿀 수 있습니다. 변수의 관점에서 볼 때 *while* 프로그램은 일반 프로그램보다 사용할 수 있는 문자에 제약은 있지만 그 외에 <mark>동등한 능력을 가졌다고 할 수 있습니다.</mark> 즉, 사용성의 차이는 있지만 능력의 차이는 아니라는 것을 알 수 있습니다.

잠깐 쉬어가자 - 중위 표기법 -

여러분은 지금까지 중학교와 고등학교에서 기본 수식을 사용해 왔을 것입니다. 이에 수식을 복습해 두겠습니다. 이 책에서 다루는 함수와 수식은 모두 자연수로 한정합니다.

예를 들어 덧셈 5+4는 2개의 숫자 5와 4의 합계인 9에 해당합니다. 따라서 덧셈(+)은 자연수에서 **2변수 함수**입니다. 2변수 함수에서는 덧셈처럼 그 값을 f(x, y)라고 쓰는 대신 xfy라고 쓰기도 합니다. 이러한 표현 방법을 **"중위 표기법"**이라 하고, 중위 표기법으로 표현된 함수의 이름을 (2항) **연산자**라고 합니다. 곱셈의 경우 프로그래밍 언어에서는 기호 (×) 대신에 (*)가 사용되기 때문에 이 책에서도 해당 기호를 사용하겠습니다. 또한, 나눗셈은 x÷y 대신 x *div* y라고 쓰고, x를 y로 나눈 나머지는 x *mod* y라고 쓰겠습니다. 프로그래밍 언어로는 중위 표기법이 사용됩니다.

곱셈 $x \times y$	▶	$x * y$
나눗셈 $x \div y$	▶	$x\ div\ y$
x를 y로 나눈 나머지	▶	$x\ mod\ y$

잠깐 쉬어가자 - 수식의 문법 -

이쯤에서 수식의 문법에 대해 알아보겠습니다. 여러분은 문법을 몰라도 수식은 자유롭게 쓸 수 있을 것입니다. 하지만 수식이 제대로 적혀 있는지를 확인하거나 컴퓨터 처리를 할 경우에는 수식의 문법이 필요합니다. 수식은 귀납법을 사용하여 다음과 같이 정의합니다.

(1) 상수와 변수는 수식이다.
(2) u와 v가 수식, θ가 연산자라면 $(u\ θ\ v)$은 수식이다.
(3) $u_1, u_2, ..., u_n$이 수식, f가 n 변수 함수의 기호라면
$f(u_1, u_2, ..., u_n)$은 수식이다.

상수와 변수의 형식은 이미 정의되어 있는 것으로 합니다. 예를 들어 보겠습니다. y는 변수이고, 5는 상수이기 때문에 (1)의 정의로 인하여 둘 다 수식입니다. 따라서 (2)로 인해 (y + 5)는 수식입니다. 마찬가지로 (z - x)도 수식입니다. 위에서 설명한 ***mod***는 연산자이기 때문에

$$((y + 5)\ \mathbf{mod}\ (z - x))$$

는 수식입니다. 이렇게 하여 수식은 귀납적으로 정의됩니다. (1)이 **기저**, (2)와 (3)이 **귀납 단계**입니다.

5-6 대입 문장

일반적인 프로그램에는 대입 문장이라는 것이 나옵니다.

$$x \leftarrow \text{수식 (단, } x \text{는 변수)}$$

이런 형태의 표현을 대입 문장이라고 합니다. 일반적인 프로그램에서 자주 나오는 표현 중 하나입니다. 대입 문장 그대로는 **while** 프로그램의 문법에 적용되지 않지만 이후의 설명에서는 일반 대입 문장도 **while** 프로그램에서 실현할 수 있다는 것을 알 수 있습니다.

먼저 x를 변수, c를 자연수로 할 때 $x \leftarrow c$ 형태의 대입 문장은 **while** 프로그램에서 표기할 수 있다는 것을 나타냅니다.

begin
    while $x \neq 0$ **do** x--;
    x++ ; x++ ; ⋯ ; x++ ;   (c개)
end

x++를 c회 반복하므로 x에는 결국 c가 대입됩니다. 대입 문장 $x \leftarrow c$는 위에 있는 복합 문장의 약기법이라고 합니다. 즉, 프로그램에서 $x \leftarrow c$가 나타났을 때 실제로는 위의 복합 문장이 쓰여졌다고 보는 것입니다. 일반적으로 이러한 약기법을 이용하면 프로그램에서 사용되는 대입문은 **while** 프로그램으로 나타낼 수 있습니다. 이미 5-4에서 구체적인 예(x2 ← 3)를 설명했습니다.

다음과 같은 대입 문장을 생각해 보겠습니다. x와 y를 변수로 할 때

$$x \leftarrow y$$

형태의 대입 문장은 다음의 문장으로 나타낼 수 있습니다. 여기에서 temp는 아직 사용되지 않은 변수로 합니다.

```
begin
    x ← 0 ; temp ← 0 ;                                    ①
    while y ≠ 0 do begin y-- ; x++ ; temp++ end;          ②
    while temp ≠ 0 do begin y++ ; temp-- end;             ③
end
```

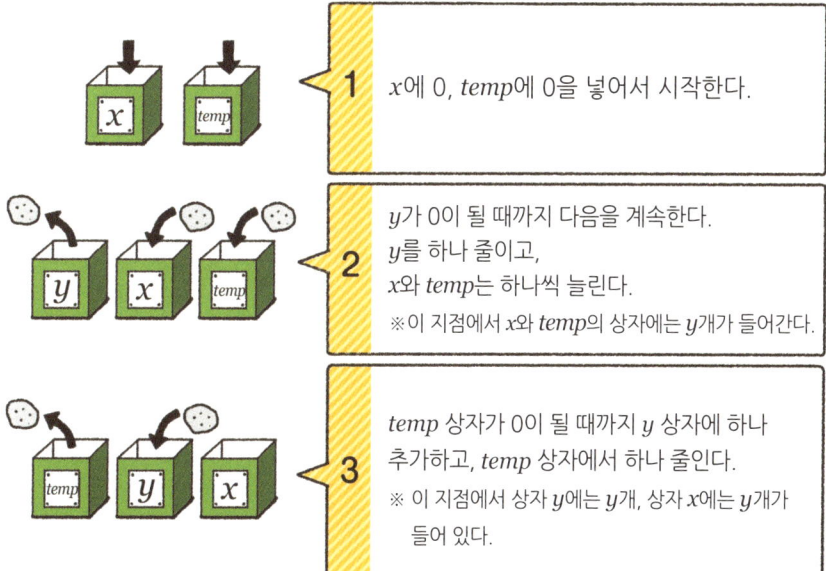

이처럼 일반적으로 많이 사용되는 대입 문장도 **while** 프로그램의 문법 규칙으로 나타낼 수 있다는 사실을 알았습니다.

일반적인 프로그램에서는 단 한 문장으로 표기되는 대입 문장을 왜 일부러 **while** 프로그램으로 나타내나요?

> 일반적인 프로그램은 쓰기가 편하기 때문에 그렇게 생각하는 것도 당연할거야.
> *while* 프로그램을 실제로 쓰려고 하면 사용할 수 있는 문자도 적고, 제약이 많기 때문에 일반적인 프로그램과 동등한 프로그램으로 쓸 수 있다는 것을 하나씩 나타내는 거야.

5-7 절차

프로그래밍 언어에서 자주 사용되는 처리는 "절차"로 등록되어 있어서 몇 번이고 불러서 사용할 수 있는 구조로 되어있습니다.

while 프로그램에서 절차는 다음의 형태로 정의하고 사용합니다.

> ***procedure*** 절차식 : s

여기에서 s는 문장으로 이 절차의 **본체**라고 합니다. 쉽게 설명하면 *while* 프로그램 절차의 정의는 「프로그램을 재작성하는 규칙」으로 "절차식"을 본체 s로 바꾸어 쓰여지는 것을 나타냅니다. 이때 변수의 재작성도 자동적으로 이루어집니다.

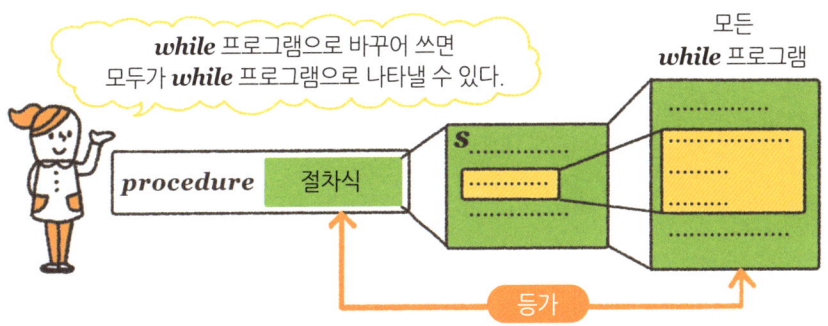

절차식은 다음과 같은 형태의 표현 중에 하나입니다.

$$(1) \quad z \leftarrow f(y_1, y_2, \cdots, y_n)$$
$$(2) \quad z \leftarrow y_1 f y_2$$
$$(3) \quad f(z_1, z_2, \cdots, z_k)$$

여기에서 $z, z_1, z_2, ..., z_k, y_1, y_2, ..., y_n$은 서로 다른 변수로 f는 절차의 이름입니다. (1)은 f가 n 변수 부분 함수의 경우이고, (2)는 f가 연산자로 사용되는 경우입니다. (3)은 그 이외의 경우인데 예외적으로 사용됩니다. $y_1, y_2, ..., y_n$을 **절차의 입력 변수**, $z, z_1, z_2, ..., z_k$를 **출력 변수**라고 합니다. 입력 변수 이외의 해당 절차에서 본체에 나타나는 변수를 절차의 **지역 변수**라고 합니다. 입력 변수는 이러한 절차에서 변화되지 않도록 절차의 첫 번째인 **지역 변수**에 대입하도록 합니다.

예 : 다음에 정의된 절차를 생각해 보겠습니다.

procedure $z \leftarrow x + y$: ①
begin $u_1 \leftarrow x$; $u_2 \leftarrow y$; $z \leftarrow u_1$; ②
while $u_2 \neq 0$ ***do begin*** u_2-- ; z++ ***end*** ③
end

x와 y는 이러한 절차의 입력 변수로 z는 출력 변수이고, u_1과 u_2는 지역 변수입니다. ②에서 입력 변수의 값이 지역 변수에 대입됩니다. 이것은 본체의 실행에 의해 입력 변수가 변화되지 않도록 하기 위해서 입니다.

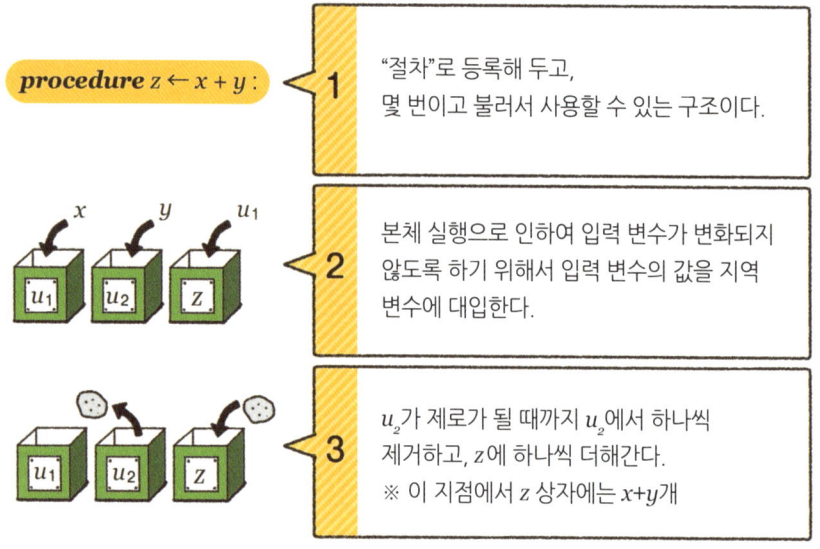

1. "절차"로 등록해 두고, 몇 번이고 불러서 사용할 수 있는 구조이다.

2. 본체 실행으로 인하여 입력 변수가 변화되지 않도록 하기 위해서 입력 변수의 값을 지역 변수에 대입한다.

3. u_2가 제로가 될 때까지 u_2에서 하나씩 제거하고, z에 하나씩 더해간다.
※ 이 지점에서 z 상자에는 x+y개

이 책에서는 다음의 절차를 사용합니다. 해당 절차의 정의는 독자들의 연습 문제입니다. **while** 프로그램에서 실제로 사용해 보겠습니다.

(a) $z \leftarrow x - y$ (b) $z \leftarrow x * y$
(c) $z \leftarrow x \: div \: y$ (d) $z \leftarrow x \: mod \: y$

여기에서 x **div** y는 x를 y로 나눈 몫을, x **mod** y는 x를 y로 나눈 나머지를 나타냅니다. 또한, 연산은 모든 자연수상의 연산입니다. 따라서 x 〈 y의 경우에서 x − y의 값은 0으로 정합니다. y=0 일 때의 x **div** y와 x **mod** y의 값은 미정의로 하겠습니다.

다음과 같은 일반 대입문의 처리에 대해서 생각해 보겠습니다.

$$x \leftarrow (\text{수식}_1 \, \theta \, \text{수식}_2)$$

여기에서 θ는 연산자입니다. 해당 대입 문장은 프로그램 내에서 아직 사용되지 않은 변수 *temp1*과 *temp2*를 사용하여

$$\begin{aligned}&\textbf{begin } temp1 \leftarrow \text{수식}_1 \, ; \, temp2 \leftarrow \text{수식}_2 \, ; \\ &\quad x \leftarrow temp1 \, \theta \, temp2 \\ &\textbf{end}\end{aligned}$$

라는 대입 문장으로 표기할 수 있습니다. 수식을 지역 변수에 넣어서 수식을 분해해 나가는 것입니다. 수식$_1$ 또는 수식$_2$가 더 복잡한 수식일 경우는 이러한 과정을 반복합니다. 그러면 대입 문장은 다음의 형태 중 하나라고 가정할 수 있게 됩니다.

(1) $z \leftarrow c$
(2) $z \leftarrow y$
(3) $z \leftarrow y_1 \, \theta \, y_2$
(4) $z \leftarrow f(y_1, y_2, ..., y_n)$

여기에서 c는 상수, θ는 연산자, f는 n 변수 부분 함수, $z, y_1, y_2, ..., y_n$은 변수입니다. 지금까지 설명한 것을 예로 확인하기 위하여 다음의 대입 문장을 생각해 보겠습니다.

$$x \leftarrow ((y + 5) \, \textbf{mod} \, (z - x))$$

이것은 다음과 같이 전개할 수 있습니다.

$$\begin{aligned}&\textbf{begin}\ temp3 \leftarrow 5\ :\\&\qquad temp1 \leftarrow y + temp3;\\&\qquad temp2 \leftarrow z - x;\\&\qquad x \leftarrow temp1\ \textbf{mod}\ temp2\ ;\\&\textbf{end}\end{aligned}$$

$temp1$과 $temp2$는 (지역) 변수, **mod**는 연산자이므로

$$x \leftarrow temp1\ \textbf{mod}\ temp2 \quad \text{는} \quad (3)\ z \leftarrow y_1\,\theta\,y_2$$

의 형태가 됩니다.

5-8 정리

문제를 해결하는 방법에는 두 가지가 있습니다. 하나는 데이터 처리를 실행하는 것으로 이러한 처리는 수식으로 나타냅니다. 이 장에서는 **while** 프로그램으로 수식을 계산하여 데이터 처리를 실행했습니다. 또 하나는 상황 판단을 하는 것으로 논리식으로 조건을 조합합니다. 다음 장에서는 **while** 프로그램에서 논리를 처리할 수 있도록 설명하겠습니다.

Chapter 6 이론과 프로그램

여기에서는 "참"과 "거짓"이라는 2개의 추상적인 값을 생각합니다. "참"과 "거짓"을 값으로 다루는 식을 논리식이라고 합니다. 프로그램에서 논리식을 다룰 수 있게 되면 컴퓨터에서 처리할 수 있는 계산의 폭이 더욱 넓어집니다. 그럼 논리식은 *while* 프로그램에서 어떻게 표현할 수 있을까요?

6-1 기계와 함수의 등가성

Chapter 1에서 「기계란 질문을 하면 무엇인가를 대답하는 것」이라고 설명했습니다. 기계의 능력을 비교할 때는 어떤 질문과 그 답변에 주목해야 합니다. 두 기계에 어떤 질문을 해도 항상 같은 대답을 할 때 두 기계는 "같은 능력"을 가진 것으로 간주합니다. 따라서 계산 시간이나 계산 비용 등은 "등가성"과는 상관이 없습니다.

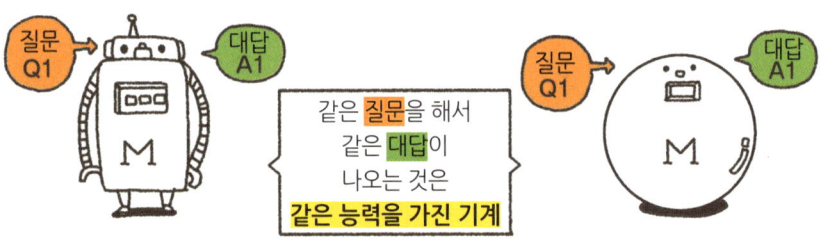

M을 기계라고 합니다. 기계 M에 x라는 질문을 하면 y라고 대답합니다. 이때, 「기계 M은 x를 입력하면 y를 출력한다」라고 합니다. 여기에서는 「입력과 출력의 관계에만 주목하고, 기계의 구조는 무시」합니다. 무엇으로 되어 있는지, 어떻게 움직이는지를 알 수 없는 상자를 "블랙 박스"라고 하는데 기계를 블랙 박스로 보는 것이 함수입니다.

집합에 대한 추가 설명으로 A와 B를 집합이라고 할 때 A 요소를 입력하면 B 요소가 출력되는 기계를 M이라고 합니다. 여기에서 M을 블랙 박스화 한 것을 f라고 하는데 이러한 f를 A에서 B로의 함수라고 합니다. f는 추상적인 개념이기 때문에 무엇으로 되어 있든지 상관은 없습니다. 물론, 기계일 필요도 없습니다. 마찬가지로 A도 B도 단순한 집합으로 "질문"이란 무엇인가, "대답"이란 무엇인가에 대해 고민할 필요도 없습니다. 즉, f는 A 요소가 주어질 때 B 요소로 되돌아오는 것이면 무엇이든지 괜찮습니다.

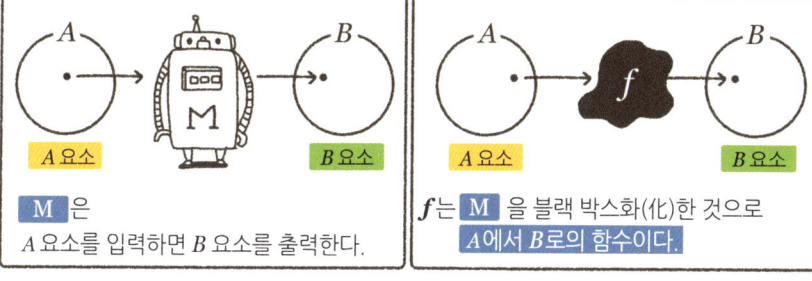

기계 M과 함수 f가 지금 설명한 것과 같은 관계에 있을 때 「기계 M은 함수 f를 계산한다」라고 말합니다.

두 기계의 능력을 비교해 봅시다.

 정의　등가(等價)의 정의　　　　　　　　　　　　　　　　　Def-003

　　기계 M1과 M2가 등가라는 것은
　　M1과 M2가 같은 함수를 계산하는 것을 의미

6-2 말이 없는 기계

계산 이론에서 취급하는 기계는 입력에 따라서 멈추지 않는 경우가 있습니다. 따라서 지금까지 실명한 것을 일부 수정하지 않으면 안됩니다. f를, M을 블랙 박스화 한 것으로 합니다. A 요소 x에 대해 M이 y를 출력하는 것이라면 f(x) = y입니다. 그러나 M은 A의 어느 요소 x에 대하여 정지하지 않을 수도 있는데, 이때 f(x)는 정의되지 않습니다. f(x)의 값이 정의되지 않을 경우 「f(x)는 정의되지 않는다」라고 합니다.

이러한 f를 「A에서 B로의 **부분 함수**」라고 합니다. f와 M이 지금 설명한 관계에 있을 때, f를 **「M이 계산하는 부분 함수」** 또는 **「M이 실현하는 부분 함수」**라고 합니다. A의 임의 요소 x에 대해서 f(x)가 정의되었을 때 f를 **함수**라고 합니다. 따라서 함수는 특수한 부분 함수입니다. 일반적으로 기계가 실현하는 것은 함수가 아니라 부분 함수인 것입니다.

전에 박사님께서 「기계란 어떤 질문을 했을 때 대답을 하는 것」이라고 하셨어요.
그럼, 아무 대답도 하지 않는 경우도 답이 되나요?

기계는 아무 대답도 하지 않는 경우가 있단다. 여기에서 미정의라는 말의 의미는 「아직 정의되지 않았다」라는 것으로 「때가 되면 대답할지도 모른다」는 그럴듯한 표현이지만 영어에서 Undefined는 한 마디로 「정의되지 않는다」라는 의미로 결국 「답은 없다」가 된단다. 「답은 없다」라는 "대답"을 내 놓는 것도 기계가 되는 거란다.

6-3 *while* 프로그램과 부분 함수

while 프로그램 문장에서 P에 입력 개수 n을 지정한 것을 ***while* 프로그램의 프로그램**이라고 합니다. 형식적으로 *while* 프로그램의 프로그램이란 임의의 *while* 프로그램 문장 P와 자연수 n의 조합 (P, n)을 의미합니다. 이후에는 *while* 프로그램의 프로그램을 간단히 ***while* 프로그램**이라고 하겠습니다.

또한, 입력 개수 n을 미리 알고 있을 경우 *while* 프로그램의 문장 P를 n 입력의 *while* 프로그램 또는 단순히 *while* 프로그램이라고 부르기로 합니다.

장황하게 정의를 계속했지만, 그것은 「**while** 프로그램이 무엇을 계산하는가」를 제대로 정의해 두고 싶었기 때문입니다. P에 n개의 자연수 $a_1, a_2, ..., a_n$이 주어지면 P는 변수 $x_1, x_2, ..., x_n$의 값을 $a_1, a_2, ..., a_n$으로 설정하고, 그 이외의 변수 값을 0으로 설정하여 계산을 시작합니다. P가 정지했을 때 변수 x_0의 내용을 **입력 $a_1, a_2, ..., a_n$에 대한 P의 출력**이라고 합니다. 입력에 따라 P는 멈추지 않을 수도 있습니다. 중지하지 않으면 출력은 **미정의**라고 합니다. 즉, **while** 프로그램은 부분 함수를 계산하는 것입니다.

P는 다음에 정의되는 부분 함수 f를 **계산**합니다.

$$f(a_1, a_2, ..., a_n) = \begin{cases} b & \text{입력 } a_1, a_2, ..., a_n \text{ 에 대한 } P\text{의 출력이 } b\text{일 경우} \\ \text{미정의} & \text{입력 } a_1, a_2, ..., a_n \text{ 에 대해 } P\text{가 정지하지 않을 경우} \end{cases}$$

위에서는 n개의 입력을 가진 **while** 프로그램 P가 부분 함수 f를 계산하는 것을 설명했습니다. 이러한 f를 **n 변수 부분 함수**라고 합니다. **while** 프로그램은 자연수만 취급하기 때문에 이러한 개념을 일반 집합으로 확대해서 설명하겠습니다. A와 B를 집합이라고 하겠습니다. A에서 n개의 요소 $a_1, a_2, ..., a_n$이 주어졌을 때 B의 요소 b가 할당되거나 아무것도 할당되지 않을 경우 이런 분배 규칙을, 또는 다른 표현으로 f를 A에서 B로의 **n 변수 부분 함수**라고 합니다.

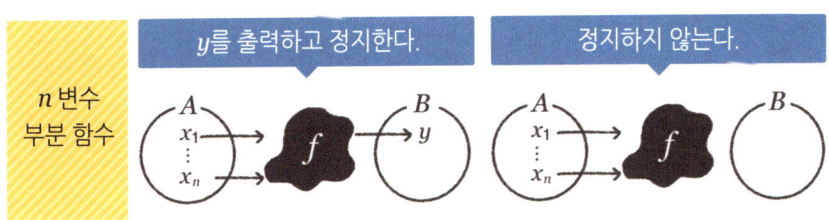

6-4 논리식과 *while* 프로그램

지금까지 설명한 수식에서는 자연수의 값을 취급했습니다. 그러나 식에서는 자연수 이외의 값을 가지는 것도 있습니다. 여기에서는 "참"과 "거짓"이라는 2개의 추상적인 값을 생각해 보겠습니다. 흐름도의 조건 문장에서 블록 안에 나타내는 식은 "참"과 "거짓"의 값을 취급합니다.

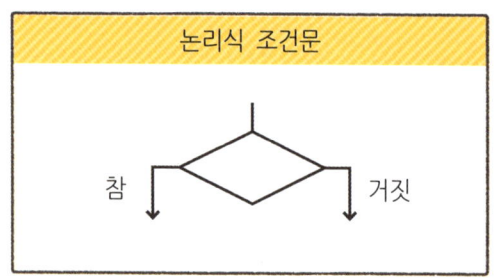

"참"과 "거짓"이라는 추상적인 값을 **진리값** 또는 **부울값**이라고 하고, 진리값을 값으로 하는 식을 논리식이라고 합니다. 바꿔 말하면, 논리식은 "참" 또는 "거짓"을 나타내는 식입니다. 진리값을 다루는 방법은 여러 가지가 있습니다. 하나는 진리값과 자연수는 별개라고 보는 방법으로 이 방법은 논리적으로 명확합니다. 또 다른 방법은 0은 "거짓"을 나타내고, 1은 "참"을 나타내는 방법인데 이 방법은 컴퓨터 과학에서 널리 사용되고 있습니다. 이 책에서는 후자를 좀더 확장하여 **0은 "거짓"을 나타내고, 0이 아닌 자연수는 "참"을 나타낸다고 하겠습니다.**

수학을 형식화하려면 수학적 사실을 제대로 표현할 수 있는 방법을 확립할 필요가 있습니다. 수학적 사실에 대해 설명하는 표현을 **"명제"**라고 합니다. 지금까지 "명제"란 참 또는 거짓을 나타내는 문장으로 다루어져 왔습니다. 여기에서는 명제의 구조를 분석해 보겠습니다. 논리식의 연산자를 **논리 연산자**라고 하는데 논리 연산자에는 ∧(그리고), ∨(또는), ~(부정)의 3가지가 있습니다.

논리식은 참 또는 거짓을 나타내는 문장이고, 논리 연산자는 해당 문장들을 연결하는 접속사입니다. 몇 개의 명제를 접속사 "또한", "또는", "그렇다면", ...을 사용하여 연결하면 더 복잡한 명제로 구성될 수 있습니다. 우선, 이러한 접속사의 구조만을 생각하기로 합니다.

예를 들어 다음의 명제를 생각해 보겠습니다.

길동은 오늘 교실에 가거나 집에 간다.
만약 교실에 가면 민정을 만난다. 민정과 만나면 집에 간다.

A와 B와 C를 다음의 세 가지 명제로 나타낼 수 있습니다.

A: 길동은 오늘 교실에 간다.
B: 길동은 오늘 집에 간다.
C: 길동은 민정을 만난다.

그러면 위의 명제는 다음과 같이 나타낼 수 있습니다.

$(A \lor B) \land (A \rightarrow C) \land (C \rightarrow B)$

여기에서 논리 연산자 ∨(또는)과 →(라면)은 평소 우리가 사용하고 있는 의미와 다를 수 있기 때문에 조금 주의할 필요가 있습니다. "100점을 받으면 자전거를 사줄게"라는 명제를 생각해 보겠습니다. 100점을 받았을 때 자전거를 사주면 해당 명세는 참이고, 100점을 받는데 자전거를 사주지 않는다면 거짓입니다. 이러한 경우는 일상 대화와 동일합니다. 100점을 받지 못했을 경우 수학에서는 자전거를 사도 사지 않아도 이 명제는 참입니다.

"100점을 못 받았는데 자전거를 사준다"는 것을 참으로 간주하는 것이 수학적 명제의 독특한 점입니다. 전제 A가 충족되지 않았을 경우는 그 앞 문장에 대해서 특별히 언급하지 않기 때문에 어느 쪽이든 "참"이 된다는 해석입니다. 이것은 귀납법의 증명에서 자주 등장하므로 기억해 둡시다.

"A 또는 B이다"라는 표현은 일상 생활에서 배타적 논리합의 의미로 사용될 때가 있습니다. 예를 들어 "A가 범인이거나 B가 범인이다"라고 한 경우, A나 B 중 하나가 범인이라는 의미를 나타내지만 수학에서는 A와 B가 모두 범인인 경우도 포함합니다.

위에서 설명한 논리식 (A ∨ B) ∧ (A → C) ∧ (C → B)의 값은 다음의 경우에만 거짓(0)이고, 기타의 경우는 참(1)이 됩니다.

> 길동은 교실도 집에도 가지 않는다 (A=0, B=0),
> 길동은 교실에 가지만 민정을 만나지 않는다 (A=1, C=0),
> 길동은 민정을 만나지만 집에 가지 않는다 (B=0, C=1)

잠깐 쉬어가자 - 부울 대수(논리 대수) -

조지 불이라는 19세기의 수학자가 우리의 "사고"를 공식화하여 참 또는 거짓을 나타내는 수학적인 문장을 수식으로 표현하는 것을 고안했습니다. 이후 ∨(또는), ∧(그리고), ~(부정)을 사용한 수학을 부울(Bool) 대수(논리 대수)라고 부르게 되었습니다.

부울 대수에서 사용하는 기호	∨(또는)　∧(그리고)　~(부정)

논리 연산자 ∨는 +로, ∧는 · (또는 생략)로, x의 부정 ~x는 x̄로 표기할 수 있습니다. 또한, 연산자의 적용 순서에 따라 우선 순위를 정하고, 괄호를 생략하는 경우도 있습니다. 우선 순위는 ~이 가장 먼저이고, 다음으로 ∧, 마지막이 ∨의 순으로 적용됩니다. 물론, 괄호가 있으면 괄호를 먼저 처리합니다. 예를 들어, ((~x) ∧ y) ∨ z는 괄호를 생략하고 ~x ∧ y ∨ z라고 쓸 수 있고, x̄ · y + z로 표기할 수도 있습니다.

다른 예를 들어 보겠습니다.

$$(x > y) \land (\sim prime(x) \lor x = 3)$$

은 다음과 같은 문장으로 해석됩니다.

x가 y 보다 크고 (x는 소수가 아니거나 또는 x는 3이다)

∧과 ∨는 **이항 연산자**이지만 ~(부정)은 **단항 연산자**입니다. prime(x)는 「x는 소수인가」라는 것을 의미하는데 그것의 부정이므로 「x는 소수가 아닌가」라고 해석할 수 있습니다. 논리 연산자 ∨(또는), ∧(그리고), ~(부정)도 논리식과 논리식을 연결하는 접속사인데, 이 책에서는 +(더하기)라든가 −(빼기)라는 연산자와 같이 산술 연산자로 간주합니다.

> **~ 부정**
>
> **x의 부정을 계산하는 절차**
> x가 0(거짓)일 경우에 z가 1(참), x가 1(참)일 경우에 z가 0(거짓)이 되는 프로그램

procedure $z \leftarrow \sim x$:
    begin $z \leftarrow 1 - x$ **end**

x에 0을 대입해 보겠습니다. x값이 0(거짓)일 때 z값은 1-0으로 1(참)이 됩니다. x에 1(참)을 대입합니다. x ≧ 1일 경우 z값은 0이 됩니다. 따라서 x가 거짓일 때 참이 출력되고, 반대로 x가 참일 때 거짓이 출력됩니다.

> **∨ 또는**
>
> **(x 또는 y)을 계산하는 절차**
> x와 y 모두가 거짓일 경우, 어느 쪽도 거짓일 경우, 어느 쪽도 진실일 경우로 나누어서 생각해 보자.

procedure $z \leftarrow x \vee y:$
begin $z \leftarrow 1 - (1 - (x+y))$ ***end***

x와 y값이 모두 0(거짓)의 경우 1 - (1 - (x + y))은 0이 됩니다. 따라서 x ∨ y의 값은 0입니다. z로 0(거짓)이 들어갑니다. x와 y 중 하나가 1 이상이면 1 - (x + y)의 값은 0이 됩니다. 따라서 1 - (1 - (x + y))의 값은 1이 됩니다.

> **∧ 그리고**
>
> **(x 그리고 y)를 계산하는 절차**
> x와 y 모두가 거짓일 경우, 어느 쪽도 거짓일 경우, 어느 쪽도 진실일 경우로 나누어서 생각해 보자.

procedure $z \leftarrow x \wedge y :$
begin $z \leftarrow \sim (\sim x \vee \sim y)$ ***end***

「(x가 아니다 또는 y가 아니다)가 아니다」는 「x이면서 y」입니다. x의 값이 0(거짓)일 경우 ~x의 값은 1(참), x ≧ 1일 경우 ~x의 값은 0(거짓)이 됩니다.

x와 y의 값이 모두 0이면 x ∨ y의 값은 0, 그 이외의 경우는 1이 됩니다. x ∧ y는 지금 정의한 ~와 ∨로 정의했습니다. 연산자로 진리값을 값으로 취하는 것을 **관계 연산자**라고 합니다. 이 책에서 관계 연산자는 일반적으로 자연수의 연산자로 취급합니다. 관계 연산자에는 ≧, 〉, 〈, ≦, =, ≠ 등이 있습니다.

procedure $z \leftarrow x \geqq y$:   *begin* $z \leftarrow 1-(y-x)$ *end*

procedure $z \leftarrow x = y$:   *begin* $z \leftarrow (x \geqq y) \wedge (y \geqq x)$ *end*

procedure $z \leftarrow x \neq y$:   *begin* $z \leftarrow \sim (x = y)$ *end*

procedure $z \leftarrow x > y$:   *begin* $z \leftarrow (x \geqq y) \wedge (y \neq x)$ *end*

procedure $z \leftarrow x < y$:   *begin* $z \leftarrow y > x$ *end*

이렇게 논리식도 *while* 프로그램으로 나타낼 수 있습니다. 이 책에서는 문법적으로 논리식은 일반적인 수식인데, 논리식이라는 용어를 사용하는 경우가 이해하기 쉽다고 판단될 때는 논리식을 사용하는 것으로 합니다.

while 문장을 다음과 같이 확장합니다. e를 논리식 그리고 s를 문장이라고 할 때 다음을 *while* 문장으로서 허용합니다.

> *while* e *do* s

이것은 변수 *temp*를 도입하여 다음과 같이 전개됩니다.

> **begin**
> $temp \leftarrow e$;
>   **while** $temp \neq 0$ **do begin** s ; $temp \leftarrow e$ **end**
> **end**

본래의 **while** 프로그램에서는 예를 들어,

> **while** $y > 0$ **do** s

의 형태는 허용되지 않습니다. 조건으로 허용되는 것은 $x_i \neq 0$의 형태뿐입니다. 따라서 위의 **while** 프로그램은 다음과 같이 바꾸어 쓸 수 있습니다.

> **begin**
> $temp \leftarrow (y > 0)$;
>   **while** $temp \neq 0$ **do begin** s ; $temp \leftarrow (y > 0)$ **end**
> **end**

보통 수학에서 y > 0은 yes(참) 또는 no(거짓)를 나타내는 식이지만 이 책에서는 1 또는 0의 값을 가지는 산술식으로 처리합니다. 따라서 대입문 $temp \leftarrow (y > 0)$은 y가 1 이상인 경우 $temp$에 1이 대입되고, y = 0인 경우 $temp$에 0이 대입됩니다.

6-5 *if* 문장과 *while* 프로그램

프로그래밍 언어에는 상황에 따라 어떤 순서로 처리해 나갈 것인가를 나타내는 구문이 있습니다. 이와 같은 구문을 **제어 구조**라고 합니다.

대표적인 것이 ***if*** 문장인데, 다음의 두 가지 ***if*** 문장을 살펴보겠습니다.

(1) ***if-then-else*** 문	***if*** e ***then*** s_1 ***else*** s_2
(2) ***if-then*** 문	***if*** e ***then*** s

여기에서 e는 논리식이고, s, s_1, s_2는 문장입니다. (1)은 e가 참이면 s_1을, 거짓이면 s_2를 실행합니다. (2)는 e가 참일 때만 s를 실행합니다.

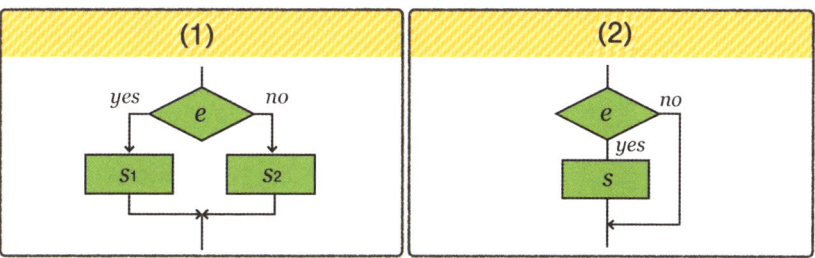

(1)의 ***if-then-else*** 문은 다음과 같이 전개됩니다.

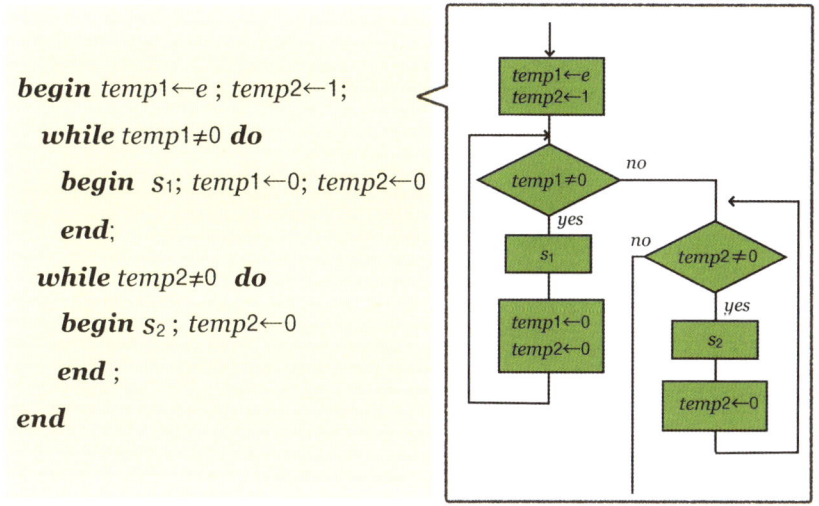

(2)에서 ***if-then*** 문장의 전개는 추후 연습 문제로 알아보겠습니다.

일반적인 프로그램에서는 이 밖에도 편리한 제어 구조가 있습니다만, 어떤 제어 구조도 ***while*** 프로그램으로 나타낼 수 있습니다.

6-6 ***while*** 프로그램의 능력

while 프로그램은 이 세상에서 가장 간단한 프로그래밍 언어입니다. 일반적인 프로그램은 ***while*** 프로그램에 적용시킬 수 있습니다. 이것은 어떤 프로그램이라도 ***while*** 프로그램으로 "기술(記述)할 수 있다"는 것은 물론, 일반적인 프로그램의 능력과 ***while*** 프로그램의 능력이 동등하다는 것을 보여주는 것입니다. 일반 프로그래밍 언어뿐만 아니라 논리식 등 모두를 ***while*** 프로그램으로 나타낼 수 있습니다. **즉, *while* 프로그램의 능력을 이해하는 것은 현존하는 프로그램의 능력과 그 능력의 한계를 알게 되는 것입니다.** 이 책의 목표 중 하나인 「궁극의 기계를 만들 수 있을까」를 생각했을 때 이렇게 단순화된 ***while*** 프로그램 능력의 한계를 알게 된다면 그 수수께끼 또한 풀어질 것이라고 생각합니다.

Chapter 7 | 배열과 데이터 형태

현재의 컴퓨터는 영상과 음성 등 다양한 매체를 취급합니다. 이러한 영상과 음성 등의 비수치 대상은 수치로 변환하여 사용하고 있습니다. 이번 장에서는 컴퓨터가 취급하는 대상에 대해서 설명하겠습니다.

7-1 숫자의 표현 방법

다음으로 숫자의 표현 방법에 대해 살펴보겠습니다. 자연수는 10개의 문자 0, 1, 2, 3, 4, 5, 6, 7, 8, 9를 사용하여 나타냅니다. 여기에서는 문자열과 그 문자열을 나타내는 자연수를 엄격하게 구분하여 논의합니다. 비밀번호나 전화번호의 경우 그것은 단순한 라벨이며, 크기와 순서 등 자연수로서의 의미는 가지지 않습니다. 반면에 인원수나 서기(西紀)의 경우는 자연수로 해석합니다. 예를 들어「2019년의 다음 해」나「2019명은 많음」등과 같이 크기와 순서의 의미를 포함합니다.

2019를 문자열로 취급한 경우

2019를 자연수로 취급한 경우

평소 우리가 자연수로 사용하는 숫자의 수는 0에서 9까지로 10개이지만 제로를 제외한다면 몇 개라도 상관은 없습니다. d개의 숫자를 사용한 문자열을 **d진 표현**, 그 d진 표현이 나타내는 자연수를 **d진수**라고 합니다. 반복하면 d진 표현은 문자열에 대한 것이고, d진수는 그 문자열이 나타내는 자연수를 의미합니다. 우리는 일상에서 자연수를 나타낼 때 **십진수**를 사용하므로 문자 0, 1, ..., 9 문자열의 경우에 특별한 지시사항이 없으면 십진수(즉 자연수)를 나타내는 것으로 합니다. 문자열의 경우는 밑줄을 그어서 문자열임을 나타냅니다. 예를 들어 2019는 자연수를, <u>2019</u>는 문자열을 나타냅니다. 십진수 이외의 d진수 표현의 경우는 $[x]_d$로 d진수 표현을 나타냅니다.

7-2 단진수와 d진수

사용하는 문자가 1개인 경우(즉, d = 1의 경우)를 <mark>단진수</mark>라고 하며, 보통 문자는 1을 사용합니다. 자연수 n을 나타내려면 1을 n개로 나란히 세워서

$$\underline{1}\ \underline{1}\cdots\underline{1}$$

로 나타냅니다. 이러한 표현은 "계산 이론"에서도 자주 사용합니다. 가장 원시적인 방법이므로 다음의 논의에서 자연수는 단진수로 표현된다고 생각하면 이해하기 쉬울지도 모릅니다. 옛날에 양치기가 양을 세는데 "나뭇가지"를 사용했다고 가정할 경우 문자 1은 1개의 나뭇가지를 나타냅니다. 따라서 양이 5마리라면 나뭇가지 5개를 나란히 세워서

$$\underline{1}\ \underline{1}\ \underline{1}\ \underline{1}\ \underline{1}$$

로 나타냅니다.

단진수의 단점은 큰 수를 나타내기 어렵다는 것입니다. 예를 들어 1억은 표현하기가 매우 힘듭니다.

이후 d는 (1보다 크면) 무엇이든지 상관은 없지만 d = 3으로 설명하겠습니다. 3을 d로 바꾸면 d진수로 설명됩니다. 나뭇가지 이외에 돌멩이도 사용하는데 돌멩이 1개는 나뭇가지 3개를 나타낸다고 하겠습니다. 나뭇가지를 3개씩 돌멩이로 바꾸면 나뭇가지는 1개 또는 2개로 충분하지만 이번에는 돌멩이가 많이 필요합니다. 다음은 열매를 사용하기로 하겠습니다.

열매 1개는 나뭇가지 몇 개 분량이라고 하면 좋을까요? 5개 분량이라고 하면 열매 1개는 돌멩이만으로는 바꿀 수 없습니다. 돌멩이만으로 거스름이 필요 없도록 하려면 열매 1개는 나뭇가지를 3의 배수만큼 필요로 합니다. 열매 1개가 나뭇가지 12개 분량이라고 하면 돌멩이 4개로 열매 1개와 바꿀 수 있습니다. 나뭇가지의 경우는 3개로 교환하고, 돌멩이의 경우는 4개로 교환한다고 표현하면 기억하기도 어렵고 계산도 복잡해집니다. 항상 3개로 서로 교환한다고 하는 편이 규칙성이 있습니다. 따라서 열매 1개는 돌멩이 3개 분량, 즉 나뭇가지 9개 분량이라고 하는 것이 이해하기가 쉽습니다. 다음은 조개를 이용하기로 합니다. 조개 1개는 열매 3개 분량, 즉 나뭇가지 27개 분량이 됩니다.

예를 들어 34라는 숫자는

$$34 = 🐚🪨🪨│$$

로 나타낼 수 있습니다. 이런 방법이면 나뭇가지, 돌멩이, 열매는 각각 2개가 있으면 충분하지만 큰 수를 나타내려면 조개가 많이 필요합니다. 이러한 방법으로 큰 수를 나타내려면 나뭇가지, 돌멩이, 열매, … 등의 단위를 나타내는 것을 끝없이 도입할 필요가 있습니다. 그래서 이것들을 넣을 상자를 많이 준비한 후 일렬로 세우기로 합니다.

맨 오른쪽 상자는 나뭇가지 전용, 그 왼쪽 상자는 돌멩이 전용, 그 왼쪽은 열매, 그 왼쪽은 조개, ...로 합니다. 이렇게 결정하면 실제로 상자 안에 넣는 것이 무엇이든 상관이 없어집니다. 실제로 넣는 것이 돌멩이라도 나뭇가지 상자에 담긴 것은 나뭇가지라고 생각하면 됩니다.

우리가 사용하고 있는 주판도 같은 방법으로 숫자를 표현합니다. 십진수와 같은 숫자의 표현 방법은 그렇게 오래되지 않았지만 주판이나 여기에서 설명한 상자를 이용한 숫자의 표기 방법은 계산하는 도구로서 오래 전부터 사용되었습니다. 작은 수를 나타내는 문자, 즉 숫자는 옛날부터 있었습니다. 이것을 사용할 경우 34는

34
- 조개 상자에 1개
- 돌멩이 상자에 2개
- 나뭇가지 상자에 1개

로 나타낼 수 있습니다. 해당 표현에서는 열매가 나오지 않습니다. 상자를 사용한 표현에서 열매 상자에 아무것도 들어있지 않다는 것을 나타내고 있습니다. 인류가 십진수를 고안해 내기 위해서 아무것도 없음을 나타내는 숫자, 즉 0이 필요했던 것입니다. 이것이 **"유명한 제로의 발견"**입니다. 3진수로 34를 나타내면

<u>1 0 2 1</u>

이 됩니다. 이것은 조개가 1개, 열매가 0개, 돌멩이가 1개, 나뭇가지가 1개를 나타냅니다.

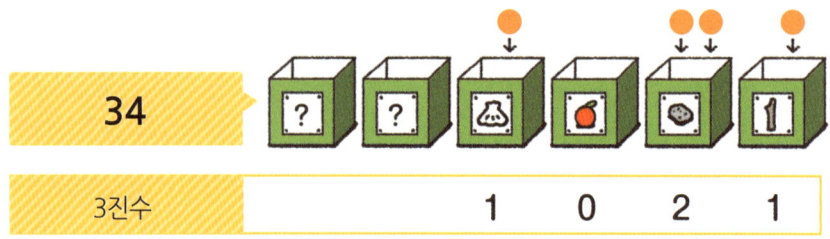

d를 n개 곱한 값을 d^n으로 나타내기로 하겠습니다. 또한, $d^0 = 1$이라고 합니다. 가장 오른쪽의 상자를 0번째라고 하고, 왼쪽으로 순서대로 1번째, 2번째, ...로 번호를 붙입니다. 그러면 n번째 상자는 d^n개의 나뭇가지를 나타내는 것입니다. 위의 예에서 조개는 3번째 상자가 되므로 조개 1개는 $3^3 = 27$개의 나뭇가지에 해당합니다. 3진수 1021이 나타내는 자연수는 다음과 같습니다.

$$[1021]_3 = 1 \times 3^3 + 0 \times 3^2 + 2 \times 3^1 + 1 \times 3^0$$
$$= 1 \times 27 + 0 \times 9 + 2 \times 3 + 1 \times 1 = 34$$

다음으로 자연수를 d진수로 변환하는 방법에 대해서 설명하겠습니다. 이전과 마찬가지로 3진수(d = 3)로 설명합니다. 또한, 자연수는 단진수로 주어진다고 하겠습니다. 예를 들어, 19개의 나뭇가지가 주어졌다고 할 경우 나뭇가지를 3개씩 돌멩이로 교환하면 돌멩이 6개로 1개의 나뭇가지가 남습니다. 이를 수식으로 표현하면

$$19 \div 3 = 6 \text{ 나머지 } 1$$

입니다. 이번에는 돌멩이를 열매로 교환합니다.

$$6 \div 3 = 2 \text{ 나머지 } 0$$

이 되고 열매는 2개, 돌멩이는 0이 됩니다. 따라서 3진수는 201이 됩니다.

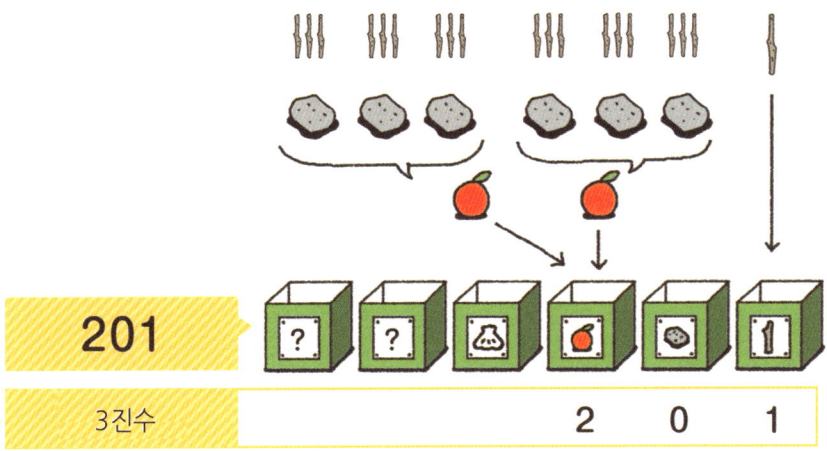

d진수 표현에 대해서 정리해 봅시다. d진수로 사용하는 문자의 집합을 ⊿(델타)라고 합니다. ⊿(델타)의 요소를 <mark>숫자</mark>라고 합니다. ⊿(델타)는 d개의 숫자로 구성되며, 그 숫자는 각각 자연수 0, 1, 2, ..., d-1로 나타냅니다. 숫자 a가 나타내는 자연수를 'a'로 하겠습니다. ⊿(델타) 상의 문자열

$$a_n \cdots a_2 a_1 a_0$$

는 d진수로 다음에 정의된 자연수를 나타냅니다.

$$[a_n \cdots a_2 a_1 a_0]_d = `a_n' \times d^n + \cdots + `a_2' \times d^2 + `a_1' \times d^1 + `a_0' \times d^0$$

d가 10 이하이면 문자는 0, 1, ..., 9를 사용할 수 있지만 11 이상이면 문자가 모자랍니다. 예를 들어, 16진수의 경우는 일반적으로 다음의 16개 문자를 사용합니다.

$$0, 1, 2, 3, 4, 5, 6, 7, 8, 9, A, B, C, D, E, F$$

그러나 문자라면 뭐든지 좋습니다. 한국어로는 하나, 둘, 셋, ...을 사용하고, 고대 바빌로니아에서는 "설형 문자"를 이용한 60진수법을 사용했습니다. 또한, d진수의 d를 충분히 크게 설정하면 문자의 수는 아무리 많아도 괜찮습니다.

7-3 문자열의 취급

그럼 Σ(시그마)를 임의의 문자 집합이라고 하겠습니다. 문자의 집합을 알파벳이라고 합니다.

알파벳이라면
영어 알파벳 {a, b, c, ···, A, B, C, ···, Z}
을 말하는 거에요?

이 분야에서 알파벳 Σ(시그마)는 일반적으로 임의의 문자 집합을 말한단다.
예를 들어, { 가, 나, 다, ···, 하 }나 {0, 1} 등도 알파벳이란다.

각 문자에 고유의 자연수를 분배하는 것을 생각해 봅시다. 문자 a에 배분된 자연수를 문자 a의 **코드**라고 부르며, a의 코드를 'a'로 나타내기로 합니다. 여기에서 "고유의"라는 것은 서로 다른 문자에 다른 코드를 분배하는 것을 의미합니다. 또한, 문자 코드로 0은 허용하지 않기로 합니다.

d는 모든 문자 코드보다 큰 자연수라고 합니다. 다음에서 d와 각 문자 코드를 고정해서 생각해 봅시다. 이렇게 하면 Σ 상의 문자열 x는 d진수라고 볼 수 있습니다. 이 경우 x의 d진수를 $[x]_d$로 나타내는 대신에 "x"로 나타낼 수 있습니다.

이 "x"를 문자열 x **코드**라고 합니다.

예로 Σ = {가, 지, 하, 로, 호}라고 하고, d = 100이라고 합니다. 각 문자에 다음과 같이 코드를 분배합니다.

> '가' = 5, '지' = 23, '하' = 53, '로' = 71, '호' = 85

그러면 Σ 상의 임의의 문자열 x는 자연수 "x"로 해석할 수 있습니다.

> " 가지가지로 " = [가지가지로]$_{100}$
> = '가' $\times d^4$ + '지' $\times d^3$ + '가' $\times d^2$ + '지' $\times d^1$ + '로' $\times d^0$
> = $05 \times 10^8 + 23 \times 10^8 + 05 \times 10^8 + 23 \times 10^8 + 71 \times 10^8$
> = 523052371

반대로 임의의 십진수는 두 자리씩 나누면 100진수라고 볼 수 있으므로 원래의 문자열로 되돌릴 수 있습니다. 예를 들어, 8523은 85 × 100 + 23 = '호' × d + '지' = "호지"가 됩니다. 물론 문자열로 고칠 수 없는 자연수는 많이 있습니다. 문자열을 자연수로 해석할 수 있으면 되고, 모든 자연수는 문자열을 나타내지 않아도 됩니다. 문자 코드로 0을 허용하지 않았던 것은 만약 'a' = 0으로 하면 문자 a가 앞에 온 경우 이 a를 식별할 수 없기 때문입니다. 이러한 예에서 Σ는 겨우 5문자밖에 포함되지 않았지만 Σ는 d-1개까지의 문자를 포함할 수 있습니다. 또한, d는 10의 거듭 제곱의 형태가 아니더라도 어떤 숫자라도 상관은 없습니다.

7-4 순서쌍과 유한열

여기에서는 컴퓨터가 취급하는 대상에 대해서 생각해 보겠습니다. 지금까지 컴퓨터가 처리하는 대상을 자연수로 설명했지만 나아가 "순서쌍"과 "유한열"이라는 개념을 도입함으로써 대상의 폭이 넓어집니다. 컴퓨터 과학의 기초 이론에 있어서 "순서쌍"과 "유한열"이라는 개념은 가장 기본적이면서 중요한 역할을 합니다. 예를 들어 함수나 그래프, 순서 등과 같은 기본적인 개념은 **"순서쌍"**이나 **"유한열"**이라는 개념을 사용하여 정의됩니다.

우선 기본적인 유한열의 표기 방법에 대해서 살펴보겠습니다.

n개의 대상을 세워 놓은 것 $\qquad x_1, x_2, \cdots, x_n$

을 **길이 n**의 **열**이라든지, **크기 n**의 **배열**이라든지, 또는 **n 차원 벡터** 등이라고 합니다.

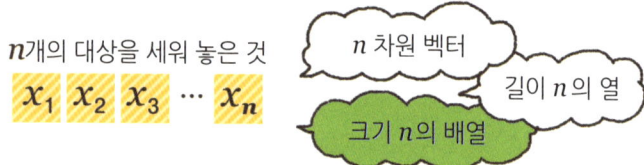

기초적인 개념으로 명칭은 다양하지만 여기에서는 프로그래밍 언어에서 사용되는 **배열**이라는 용어를 사용합니다. 또한, 여기에서 다루는 것은 자연수의 배열뿐입니다. 배열의 표기 방법도 여러 가지이지만 여기에서의 배열은 괄호 "("와 ")", 쉼표 ","를 사용하여

$$(x_1, x_2, \cdots, x_n)$$

으로 나타내기로 합니다. $x_1, x_2, ..., x_n$에서 각각의 요소들을 **배열 요소**라고 합니다.

최근의 프로그래밍 언어에서는 x_1을 0번째, x_2를 1번째로 순서를 정하는 것이 많기 때문에 이 책에서도 순서를 정하겠습니다. 혼란이 생기지 않도록 배열 요소의 이름을 다시 붙이겠습니다.

$$X = (x_0, x_1, \cdots, x_{n-1})$$

을 크기 n의 배열이라고 합니다. x_i를 배열 X의 **제 i 요소**라고 합니다. X의 제 i 요소를 X[i]로 표기합니다. 예를 들어 다음의 배열 Y를 생각해 보겠습니다.

$$Y = (24, 3, 56)$$

요소가 3개이므로 Y는 크기 3의 배열로 0번째 요소는 Y[0] = 24, 1번째 요소는 Y[1] = 3, 2번째 요소는 Y[2] = 56이 됩니다. 배열에는 이처럼 "크기"라는 것이 정해져 있습니다. 실제로 컴퓨터는 저장 용량이 유한하기 때문에 배열에도 크기가 정해져 있는 것이 보통입니다. 그러나 이론을 전개하는 경우 크기는 제한이 없는 것이 편리합니다. X를 크기 n의 배열로 하겠습니다. 만약 i가 X의 크기 이상이면 X[i] = 0으로 하겠습니다. 즉, X의 마지막 요소 뒤에는 무한개의 0이 계속됩니다.

7-5 괴델 수

다음은 배열을 자연수로 나타내는 방법을 알아보겠습니다. 배열을 자연수로 나타내는 방법으로 가장 유명한 것이 「괴델 수」입니다.

Chapter 3에서 자연수의 정의를 설명했지만 이번에는 자연수를 세분화 해 보겠습니다. 0과 1을 제외한 모든 자연수는 **합성수**와 **소수** 두 가지로 분류할 수 있습니다.

자연수는 "소수"나 "합성수"로 분류합니다.

| 2 | 3 | 4 | 5 | 6 | 7 |
| 소수 | 소수 | 합성수 | 소수 | 합성수 | 소수 |

2 2   2 3

0 1 은 제외합니다.

합성수: $y \times z$라는 형태로 분해할 수 있다.

소수: 그 이외

자연수는 소수의 곱으로 나타낼 수 있습니다. 자연수를 건물에 비유한다면 소수는 자연수라는 건물을 세우기 위한 가장 기본이 되는 블록입니다. 합성수와 소수를 형식적으로 정의하겠습니다.

x, y, z를 자연수라고 합니다. $x = y \times z$로 나타낼 때 y는 x의 **인수(약수)**라고 합니다. 자연수 x는 1과 x 이외의 **약수**를 가질 때 **합성수**라고 하고, 2 이상의 자연수로 합성수가 아닌 것을 **소수**라고 합니다. x가 합성수인 경우 x는 0과 1이 아닌 자연수 $y_1, y_2, ..., y_n$의 곱으로

$$x = y_1 \times y_2 \times \cdots \times y_n$$

으로 분해됩니다. 또한, 어느 y_i가 합성수라면 y_i를 분해합니다. 이것을 계속하면 $y_1, y_2, ..., y_n$은 모두 소수로 분해할 수 있습니다. 이러한 분해를 <mark>소인수 분해</mark>라고 합니다. 가장 작은 소수는 2이고, 다음의 소수는 3입니다. 2를 0번째 소수, 3을 1번째 소수, ...라고 순서를 정하고, i번째 소수를 p_i로 표기하겠습니다.

자연수 20을 인수 분해 해 보겠습니다. 그리고 소수 p_i의 곱으로 표현하면 다음과 같이 됩니다.

$$20 = 2 \times 2 \times 5 = 2^2 \cdot 5^1$$

이 됩니다. 여기에서 조금 전의 i 번째 소수 p_i를 사용하여 나타내면 다음과 같이 됩니다.

$$20 = 2 \cdot 2 \cdot 5 = 2^2 \cdot 3^0 \cdot 5^1 = p_0^2 \cdot p_1^0 \cdot p_2^1$$

이때, <mark>지수에 나타나는 자연수의 열을 자연수 20이 나타내는 배열</mark>이라고 합니다. 구체적으로는 (2, 0, 1)입니다. 이처럼 모든 자연수는 인수 분해를 하면 소수 p_i를 사용하여 표기할 수 있습니다.

이때, 지수에 나타나는 자연수의 열이 그 자연수가 나타내는 배열입니다.

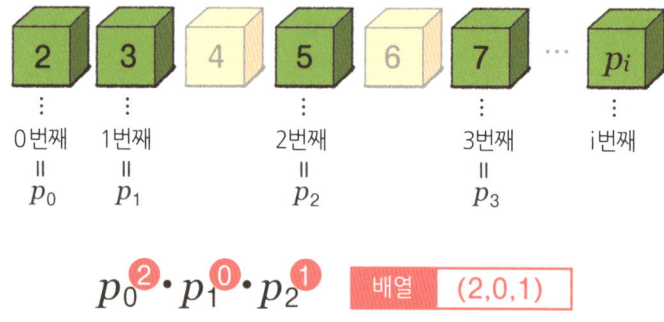

$$p_0^2 \cdot p_1^0 \cdot p_2^1 \quad \text{배열} \quad (2,0,1)$$

즉, 자연수 20은 또 다른 하나의 표현으로 배열 (2, 0, 1)을 나타낸다고 생각할 수 있습니다. 반복하면 임의의 자연수 x(x > 1)은

$$x = p_0^{y_0} p_1^{y_1} p_2^{y_2} \cdots p_n^{y_n} \qquad y_n \neq 0$$

에서 고유하게 분해됩니다. 이때, 지수에 나타나는 자연수의 열($y_0, y_1, ..., y_n$)을 **자연수 x가 나타내는 배열**이라고 합니다.

자연수
x 인수 분해
$2^{y_0} \times 3^{y_1} \times 5^{y_2} \times \cdots \times p_n^{y_n}$ = $p_0^{y_0} p_1^{y_1} p_2^{y_2} \cdots p_n^{y_n}$
배열 $(y_0, y_1, y_2, \cdots, y_n)$ $y_n \neq 0$

반대로 Y = ($y_0, y_1, y_2, ..., y_n$)을 임의의 배열이라고 합니다. 해당 배열 Y에 다음으로 정의된 자연수 g(Y)를 분배합니다.

$$g(Y) = p_0^{y_0} p_1^{y_1} p_2^{y_2} \cdots p_n^{y_n}$$

g(Y)를 배열 Y의 괴델 수라고 합니다.

이후에서는 배열의 괴델 수를 배열 코드라고 합니다. 또한, 배열(y_0, y_1, ..., y_n)의 코드를 〈y_0, y_1, ..., y_n〉으로 나타낼 수 있습니다. 예를 들어 배열(0, 1, 2)의 코드 〈0, 1, 2〉는

$$\langle 0,1,2 \rangle = 2^0 3^1 5^2 = 75$$

입니다. 자연수는 배열로 해석할 수 있습니다. 반대로 배열이 주어지면 그 코드 (괴델 수)를 계산할 수 있습니다. 배열을 자유롭게 사용하기 위해서 배열의 조작 방법을 살펴보겠습니다.

배열의 코드와 괴델 수는 같은 건가요?

잘 이해했구나. 정답이야!

배열을 조작할 경우 다음의 두 가지 절차만 있으면 충분합니다.

(a) $x \leftarrow X[i]$ (b) $X[i] \leftarrow x$

여기에서 (a)는 배열 X에서 제 i 요소를 도출하는 절차이고, (b)는 배열 X에서 제 i 요소에 x를 설정하는 절차입니다. 이러한 2가지 절차를 구성하기 위해서 다음의 5 가지 절차를 사용합니다.

1. X의 제 i 요소에 1을 더한다.	$X \leftarrow X * p_i$
2. X의 제 i 요소가 0인지 확인한다.	$X \bmod p_i \neq 0$?
3. X의 제 i 요소에서 1을 뺀다.	$X \leftarrow X \operatorname{div} p_i$
4. 자연수 x가 소수인지 확인한다.	$z \leftarrow Prime(x)$
5. i번째 소수 p_i를 꺼낸다.	$z \leftarrow getPrime(i)$

1. X의 제 i 요소에 1을 더한다. $X \leftarrow X * p_i$

구체적으로 예를 들어 생각해 보겠습니다. 조금 전에 설명한 자연수 20을 배열로 나타내면 (2, 0, 1)입니다. 해당 배열의 제 2 요소에 1을 더하는 경우를 생각해 보겠습니다.

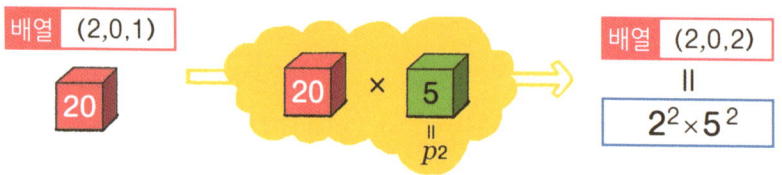

P^2를 곱합니다.

정리하면 「자연수 20의 배열 (2, 0, 1)에서 제 2 요소에 1을 더하기」는 두 번째 소수 $p_2(=5)$를 곱하면 된다는 것을 알 수 있습니다. 이것을 보다 일반적으로 설명하면 다음과 같습니다.

X의 제 i 요소에 1을 더한다. $X \leftarrow X * p_i$

> 제 2 요소는 두 번째의 요소이니까, 0이 아닌가요?

> 첫 번째 요소를 1번이라고 세는 것처럼 (2, 0, 1)의 제 2 요소는 1이란다. 첫 번째는 0번째, 두 번째는 1번째 …라고 센다는 것을 주의해야 해. 제 2 요소에 1을 더하면 (2, 0, 1)은 (2, 0, 2)가 된단다.

2. X의 제 i 요소가 0인지 확인한다.

다음으로 X 배열의 제 i 요소가 0인지의 여부를 판단하려면 어떻게 하면 되는지를 생각해 보겠습니다. 여기에서도 20을 예로 들어 살펴보겠습니다. 20 배열의 두 번째 요소가 0인지를 확인하려면 두 번째 소수 p_2(즉, 5)로 20을 나누어 보겠습니다. 20 ÷ 5로 나누어지므로 나머지는 0입니다. + − × ÷ 같은 연산자처럼 「나머지는 무엇인가?」라는 의미의 연산자로 **mod** 를 사용합니다.

$$X \bmod p_i \neq 0 ?$$

이 식의 의미는 X를 p_i로 나누었을 때 「나머지가 0이 아닌가?」라고 묻는 것입니다. 예를 들어 다음과 같이 사용합니다.

배열의 제 2 요소가 0인지를 확인하고 싶을 때는…

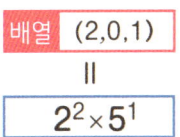
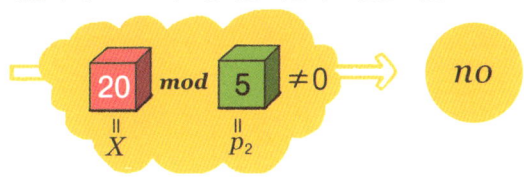

X의 제 i 요소가 0인지 아닌지를 확인하려면 X가 p_i로 나누어 지는지를 확인해야 합니다. X가 p_i로 나누어질 경우 X는 p_i의 배수이며, X의 제 i 요소는 0이 아닙니다. X = 20일 경우, 20은 5로 나누어지기 때문에 답은 no가 되고 20 = ⟨2, 0, 1⟩의 제 2 요소는 0이 아닙니다. 또한, 20은 3으로 나눌 수 없기 때문에 ⟨2, 0, 1⟩의 제 1 요소는 0입니다.

3. *X*의 제 *i* 요소에서 1을 뺀다. $\quad X \leftarrow X \, \mathbf{div} \, p_i$

X의 제 i 요소에서 1을 빼려면 우선 (2)의 방법으로 X의 제 i 요소가 0이 아니라는 것을 확인한 후 0이 아니면 X를 p_i로 나눕니다.

4. 자연수 *x*가 소수인지 확인한다. $\quad z \leftarrow Prime(x)$

자연수 x가 소수인지 아닌지를 확인하는 방법은 다음과 같습니다. 우선 0과 1은 소수가 아니므로 2 이상일 경우를 확인합니다. x가 2 이상일 경우는 2에서 x - 1까지의 각 자연수 j에 대하여 x가 j로 나누어 지는지를 차례대로 테스트합니다. 그러기 위해 우선 z를 1(참)로 설정해 놓고, 하나라도 나누어 지는 j가 발견되면 z를 0(거짓)으로 설정합니다.

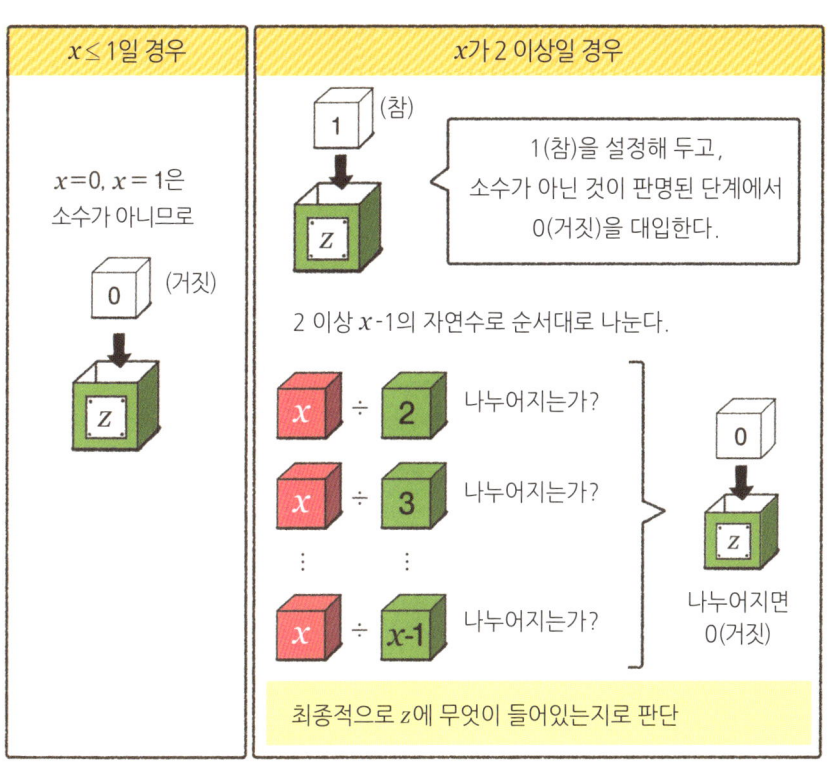

while 프로그램으로 쓰면 다음과 같습니다.

procedure $z \leftarrow prime(x)$:　①

begin

    if $x \leqq 1$
      then $z \leftarrow 0$　②

    else begin $z \leftarrow 1; j \leftarrow 2;$　③
     while $j < x$ *do*
       begin *if* $x \bmod j = 0$ *then* $z \leftarrow 0;$
          j++
      end
    end

end

① 우선 첫 번째 식부터 살펴보겠습니다. ***procedure*** z ← *prime (x)*는 「자연수 x가 소수인지」를 나타내는 이 절차의 제목입니다.

② 다음으로 ***begin***과 ***end***로 둘러싸여 있는 노란색 테두리 안을 살펴보겠습니다. 앞의 하얀 블록에서 x가 1 이하이면 z는 0으로 설정합니다. 0은 거짓을 의미하기 때문에 「x가 1 이하이면 소수가 아니다」라는 의미입니다.

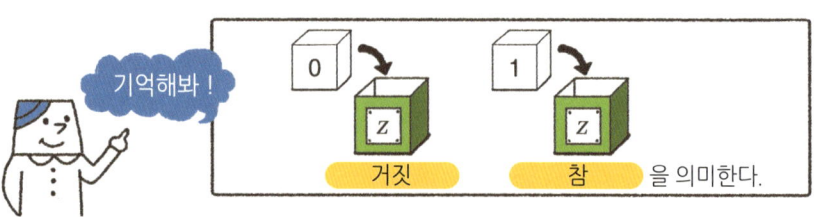

③ x가 1보다 큰 경우는 다음의 하얀 블록으로 이동합니다.

```
begin z ← 1 ; j ← 2;
    while j < x do
        begin if x mod j = 0 then z ← 0 ; j++ end ;
end
```

z에 1을, j에 2를 설정한 상태에서 시작합니다. z에 1이 들어 있으므로 「소수이다」라는 판단을 하고 있는 상태에서 시작하게 됩니다. j가 x보다 작을 때는 다음의 실행을 계속합니다. x가 j로 나누어 지는지를 판단하고, 나누어질 경우에는 z에 0을 넣고, j를 1개씩 늘립니다. 2부터 순서대로 x 직전의 숫자까지 계속 나누고, j가 x와 같아질 때까지 하나라도 나누어지면 z에 0을 대입합니다.

이와 같이 z에 1을 넣어 놓고(즉, 사실이라고 해 놓고), 오류가 발생하면 0(거짓)이라고 하는 방법은 프로그램에서 자주 사용합니다.

처음 z에 1(참)을 넣어두고, 오류가 발생하면 0(거짓)이라고 하는 방법을 사용한다.

 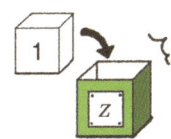 오류가 발생하면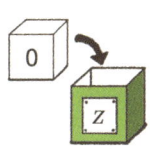

5. i 번째 소수 p_i를 꺼낸다. $z \leftarrow getPrime\,(i)$

i번째 소수 p_i를 계산하는 절차에 대해서 설명하겠습니다.

procedure $z \leftarrow getPrime(i)$:   ①

begin $z \leftarrow 2; zp \leftarrow 3; j \leftarrow 0;$ ②
    while $j < i$ **do**   ③
        if $prime(zp)$ **then begin** $z \leftarrow zp; j++; zp++$ **end**
        else $zp++$
end

① 우선 오렌지색 부분을 살펴보겠습니다. 이 부분은 해당 절차의 표제로 「z에 i 번째 소수 p_i를 대입한다」라는 것을 나타냅니다.

② 다음 노란색 부분은 절차의 본체로 이동합니다. 우선은 z에 2를, zp에 3을, j에 0을 각각 대입한 것부터 시작합니다.

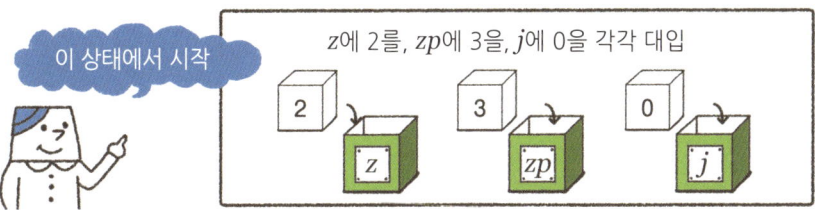

③ 다음 초록색 부분은 소수의 후보 zp를 3부터 시작하여 1씩 증가시킨 후 소수인지 아닌지를 확인합니다. 소수가 발견될 때마다 j를 1씩 증가시킵니다. i번째 소수가 발견되었을 때 z에는 마지막으로 찾은 소수가 포함되어 있습니다. 이렇게 하면 최종적으로 출력 상자 z에는 i번째 소수가 포함되어 있는 것입니다.

이상의 5가지 절차를 이용하여 (a) 배열 X에서 제 i 요소를 추출하는 절차와 (b) 배열 X의 제 i 요소에 x를 설정하는 절차에 대해 살펴보겠습니다.

(a) 배열 X의 제 i 번째를 추출한다.

지금까지와 마찬가지로 배열 X에서 제 i 요소의 추출 방법을 **while** 프로그램으로 사용해 보겠습니다. 자연수 20을 예로 들어 보겠습니다. 20 = $2^2 \times 3^0 \times 5^1$, X = ⟨2, 0, 1⟩이므로 배열 X의 제 2 요소는 1입니다. 1을 꺼내 z에 저장합니다. 우선 X를 Y에 복사해 놓고, Y가 pi로 여러 번 나누어 지는지를 확인합니다. **while** 프로그램으로 나타내면 다음과 같습니다.

procedure $z \leftarrow X[i]$:
  begin $Y \leftarrow X$; $pi \leftarrow getPrime(i)$; $z \leftarrow 0$;
    while Y **mod** $pi = 0$ **do**
      begin $Y \leftarrow Y$ **div** pi ; z++
        end
  end

(b) 배열 X의 제 i 요소에 x를 설정한다.

여기에서도 자연수 20을 예로 들어 보겠습니다.

$20 = 2^2 \times 3^0 \times 5^1 = \langle 2, 0, 1 \rangle$이므로 X = $\langle 2, 0, 1 \rangle$이라고 하면 두 번째 X 요소는 1, 즉 X[2] = 1입니다. X의 제 2 요소에 x를 설정하려면 먼저 X의 제 2 요소를 0으로 하고, X에 x회 5를 곱합니다.

procedure $X[i] \leftarrow x$:

> **begin** $pi \leftarrow getPrime(i); u \leftarrow x$;
>   **while** $X \bmod pi = 0$ **do** $X \leftarrow X \text{ } div \text{ } pi$;   ①
>   **while** $u \neq 0$ **do begin** $u--; X \leftarrow X * pi$ **end**   ②
> **end**

우선, pi에 i번째 소수를 넣고, u에는 x를 대입합니다. ① X를 pi로 나눈 나머지가 제로일 동안, 즉 i번째 소수로 나누어지는 동안 X에 X ÷ pi를 대입합니다. ② u가 0이 아닌 동안 u를 하나 줄이고, X에 X × pi를 대입합니다. 즉, X에 x회 pi를 곱합니다.

변수 X에 배열 $(y_1, y_2, ..., y_n)$의 코드를 설정하려면 대입 문장

$$X \leftarrow \langle y_1, y_2, \cdots, y_n \rangle$$

을 사용합니다 이것은 다음 문장의 약기법이라고 합니다.

> **begin** $X \leftarrow 1$;
> $X[0] \leftarrow y_1; X[1] \leftarrow y_2; \cdots ; X[n-1] \leftarrow y_n$
> **end**

 **잠깐 쉬어가자** - 빈 코드에 대해서 -

이론상으로 빈 배열(크기가 0인 배열)을 생각합니다. 빈 배열은 ( )로 나타냅니다. 빈 배열의 코드는 1로 정합니다. 앞 프로그램의 첫 번째 줄에서 X ← 1은 X에 빈 배열(코드)을 대입하라는 것을 나타냅니다. 빈 배열 ( )도, 요소 0이 하나인 배열 (0)도, 요소 0이 두 개인 배열 (0, 0)도 코드는 1입니다.

컴퓨터가 취급하는 대상은 "배열"이라는 개념이 더해지면서 그 폭이 매우 넓어졌습니다. 특히, 배열을 자연수로 나타낸 괴델 수의 발명에 의해 컴퓨터 과학은 비약적인 발전을 이루었습니다. 예전부터 괴델 수는 "숫자" 이외의 대상을 수학 세계로 해석했다는 의미에서 **"산술화"**라고 불리어져 고상한 이론으로 여겨졌습니다. 현재는 일반적으로 정착되어 **"코드화"**라고 불리며, 컴퓨터 세계에서는 없어서는 안 되는 이론이 되었습니다.

Chapter 8 | 내장형 프로그램과 만능 프로그램

드디어 "만능 프로그램"의 등장입니다. 어떤 문제도 단 하나의 만능 프로그램으로 해결해 버리는 멋진 프로그램입니다. **while** 프로그램을 대상으로 하는 만능 프로그램, 그리고 기계가 취급하는 기계어를 대상으로 하는 만능 프로그램의 양면을 살펴보겠습니다.

8-1 만능 튜링 기계

그럼 여기에서는 Chapter 5에서 언급한 다음의 그림을 기억해 봅시다.

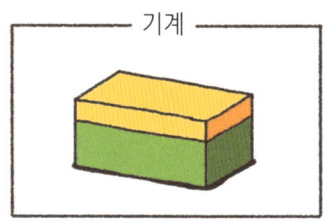

이 책에서는 위의 그림과 같이 프로그램과 하드 부분을 결합한 것을 기계라고 합니다. 다른 프로그램으로 움직이는 기계는 「다른 기계」가 됩니다. 튜링은 이런 의미에서 여러 종류의 튜링 기계를 고안해 냈습니다. 그 중에서도 가장 훌륭하고 독창적인 것이 **만능 튜링 기계**입니다. 만능 튜링 기계가 받아들이는 것은 입력값뿐만이 아닙니다. **프로그램 P를 입력 데이터 x와 함께 받아들입니다.** 그리고 프로그램 P의 명령대로 입력 데이터 x를 처리합니다. 다시 말하면 만능 튜링 기계가 1대 있으면 다른 튜링 기계는 필요하지 않습니다. 이러한 만능 튜링 기계는 현재의 **내장형 프로그램**이라고 불리며, 실제 컴퓨터 탄생의 초석이 되었습니다.

튜링의 이해자인 폰·노이만은 실제 컴퓨터를 설계 및 개발하여 「컴퓨터의 아버지」라고 알려져 있었지만 그 자신은 스스로를 「나는 단지 보조자에 불과하다」라고 대답했다고 합니다. 튜링이 제안한 만능 튜링 기계라는 사고 방식을 높이 평가한 것은 물론이고, 현대 컴퓨터 원리의 핵심을 이루는 "혁신적"인 기계라는 것을 짐작할 수 있습니다.

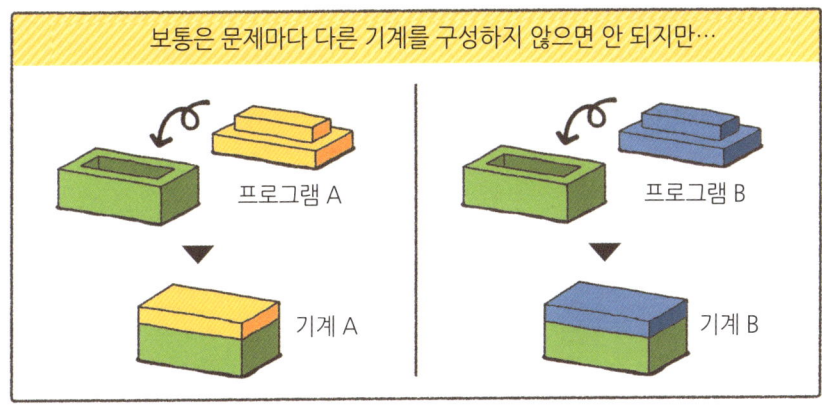

8-2 기계어

while 프로그램과 흐름도는 인간에게 친숙한 언어이지만 기계에게 있어서는 다루기 쉬운 언어가 아닙니다. 흐름도는 공간적 배치 관계를 파악해야 하고, while 프로그램의 경우는 영어나 한국어를 처리할 때와 같이 구문 구조를 분석해야 합니다. 이러한 인간용 언어를 "고급 언어"라고 하고, 기계용 언어를 "기계어"라고 합니다. 고급 언어로 작성된 프로그램은 기계어로 번역되어 실행됩니다. 고급 언어로 작성된 프로그램을 기계어로 번역해 주는 프로그램을 **컴파일러**라고 합니다.

「알고리즘은 조작 순서를 분해하면 마지막에는 아주 간단한 구성 요소에 도달한다」는 것을 Chapter 4에서 설명했습니다. 마찬가지로 기계어는 간단한 구성 요소의 조합으로 구성할 수 있습니다.

기계어가 사용하는 명령은 다음의 4가지뿐입니다.

 INC k;   DEC k;   JMP k;   JZR k;

INC k; 는 계수기 x_k에서 1을 추가하는 것을 의미합니다.

DEC k; 는 계수기 x_k에서 1을 줄이는 것을 의미합니다.

각 명령은 순서대로 번지가 매겨져 있고, 이러한 명령을 실행한 후에는 해당 명령의 다음 번지 명령이 실행됩니다.

JMP k; 는 다음에 k 번지의 명령이 실행되는 것을 나타냅니다.

JZR k; 는 JumpZeRo의 약자로 JZR k는 계수기 x_k의 내용이 0인지 아닌지를 확인합니다. 이러한 명령의 번지를 i라고 합니다. 만약, x_k = 0이면 다음은 i + 1번지의 명령이 실행되고, x_k ≠ 0이면 다음은 i + 2번째의 명령이 실행됩니다.

8-3 기계의 구조를 알다

세계 최초의 상용 계산기는 유명한 철학자이자 수학자인 **파스칼**이 1642년에 만든 것이라고 되어 있습니다. 이것은 프로그램을 설정할 수 없는 수동식 계산기로 덧셈과 뺄셈밖에 할 수가 없었습니다. 그 후 계산기는 발전을 통해 **찰스·배비지**라는 사람이 증기 기관으로 움직이는 계산기를 설계합니다. 실제로 완성되지는 않았지만 현재 계산기 과학자들은 이것을 컴퓨터의 시작이라고 보고 있습니다. 왜냐하면 증기 기관으로 움직이는 계산기는 프로그램이 가능하기 때문입니다. 그 기계의 획기적인 점은 펀치 카드로 프로그램을 쓸 수 있도록 한 것입니다. 현재 펀치 카드를 사용하는 컴퓨터는 더 이상 없지만 구조를 이해하기 쉽기 때문에 펀치 카드를 사용하여 프로그램에 어떻게 적용할 수 있는지 살펴보겠습니다.

펀치 카드는 마크 시트와 비슷한 것으로 시트 1장에 표가 그려져 있고, 해당 부분에 구멍이 나도록 되어 있습니다. 아래의 그림과 같이 4개의 연산 이름 INC, DEC, JMP, JZR 중 하나에 구멍을 뚫고, 번지 부분은 연산의 대상이 되는 번지에 대응해서 구멍을 뚫습니다.

INC DEC JMP JZR	0 1 2 3 4 5 6 7 8
INC DEC JMP JZR	0 1 2 3 4 5 6 7 8
INC DEC JMP JZR	0 1 2 3 4 5 6 7 8
INC DEC JMP JZR	0 1 2 3 4 5 6 7 8
INC DEC JMP JZR	0 1 2 3 4 5 6 7 8

명령 계수기
지금 여기를 읽고 있다.

펀치 카드

중요한 기능으로 현재 어느 번지의 명령을 실행하고 있는지를 나타내는 **명령 계수기**(Instruction Counter)가 있습니다. 처음의 명령 계수기는 0으로 설정되어 0번지의 명령부터 계산이 시작됩니다. INC 명령과 DEC 명령의 경우는 명령 실행 후에 명령 계수기에 1을 더하고, 다음 번지의 명령을 실행합니다. JMP 명령의 경우는 명령 계수기가 JMP 명령의 번지 부분으로 대체됩니다. 펀치 카드로 프로그램을 표현하고, 이것을 기계에 입력하면 기계가 움직이면서 처리가 되는 구조입니다. 위의 예에서 설명한 펀치 카드는 다음과 같이 ***while*** 프로그램으로 나타낼 수 있습니다.

$$\textit{while } x_3 \neq 0 \textit{ do begin } x_3 \text{--} \; ; \; x_2 \text{++} \textit{ end}$$

이러한 ***while*** 프로그램은 x_3이 0이 될 때까지 x_2에 1을 더해가는 것으로 이것을 컴파일 하면 다음과 같은 "계수 기계의 프로그램"으로 변환됩니다.

	연산 부분	번지 부분	
	OPR	ADR	
0	'JZR'	3	x_3=0이면 1번지로, $x_3 \neq$ 0이면 2번지로
1	'JMP'	5	5번지로
2	'DEC'	3	x_3을 1 감소
3	'INC'	2	x_2를 1 증가
4	'JMP'	0	0번지로

번지

해당 기계어 프로그램을 위에서 설명한 펀치 카드로 표현하고, 펀치 카드를 기계에 설정합니다. 입력 계수기에 입력을 설정하고, 명령 계수기에 0을 설정하여 기계를 시작합니다. 기계는 명령 계수기가 나타내는 명령을 해석하고 실행합니다. 현재 명령이 INC라면 번지 부분을 나타내는 계수기에 1을 더하고, 명령 계수기에 1을 추가합니다. 다른 명령도 마찬가지입니다. 기계가 멈추었을 때 계수기 x_0이 나타내는 수치가 출력됩니다.

기계어 프로그램은 위에서 설명한 것처럼 표이지만 이를 좀더 정확히 설명하겠습니다. 단순하게 계수 기계 프로그램의 경우는 계수 기계의 기계어 프로그램을 나타냅니다. 계수 기계의 프로그램은 2개의 배열 OPR과 ADR로 표기되는데, 이때 OPR을 연산 부분, ADR을 번지 부분이라고 합니다. 연산 부분 요소는 연산명, 번지 부분 요소는 번지입니다. 다음의 4가지 연산명

INC, DEC, JMP, JZR

에는 서로 다른 자연수가 분배되어 있습니다. 분배된 자연수를

'INC', 'DEC', 'JMP', 'JZR',

로 나타낼 수 있습니다.

연산명 a에 배당된 자연수 'a'를 a의 **연산 코드**라고 합니다. 배열 ADR의 크기, 즉 포함된 명령의 개수를 해당 프로그램의 크기라고 합니다. 프로그램의 크기도 프로그램 요소로 생각하는 것이 다음의 설명을 쉽게 이해할 수 있기 때문에 요소에 포함하기로 합니다. 기계어 프로그램의 정의는 다음과 같습니다.

기계어 프로그램 P는 OPR과 ADR의 프로그램 크기 m으로 이루어진 배열 P = ⟨OPR, ADR, m⟩이라고 정의합니다.

위의 기계어를 예로 들면

$$OPR = < \text{'JZR'}, \text{'JMP'}, \text{'DEC'}, \text{'INC'}, \text{'JMP'} >$$
$$ADR = <3, 5, 3, 2, 0>$$
$$m = 5$$

가 됩니다. OPR, ADR은 모두 크기 5의 배열이므로 m = 5입니다.

8-4 만능 프로그램

위에서 설명한 내장형 프로그램의 기계를 *while* 프로그램으로 실현해 보겠습니다. 그러기 위해서는 우선 프로그램을 저장할 수 있는 공간이 필요합니다. 물리적으로 저장할 곳을 만드는 것이 아니라 머릿속에서(프로그램에서) 저장 영역을 만들어 갑니다. 이것을 2개의 배열 OPR과 ADR이라고 합니다.

이 배열은 명령어를 저장하기 위한 선반이라고 생각해 봅시다. 선반에는 0, 1, 2로 번지가 정해져 있고, i번지의 선반 OPR[i]과 ADR[i]에는 연산명과 번지를 저장합니다. 또한, 명령 계수기를 나타내는 변수 ic도 준비했습니다.

procedure $z \leftarrow U(P, x_1, x_2, ... , x_n)$:

begin $X \leftarrow <0, x_1, x_2, ... , x_n>$; ①

$OPR \leftarrow P[0]; ADR \leftarrow P[1]; m \leftarrow P[2]; ic \leftarrow 0$; ②

  while $ic < m$ **do**   〔명령 계수기〕

  begin $op \leftarrow OPR[ic]; ad \leftarrow ADR[ic]$; ③
    if $op=$'INC' **then**
        begin $X[ad] \leftarrow X[ad]+1; ic$++ **end**
    else if $op=$'DEC' **then**
        begin $X[ad] \leftarrow X[ad]-1; ic$++ **end**
    else if $op=$'JMP' **then** $ic \leftarrow ad$
    else if $op=$'JZR' **then if** $X[ad]=0$
            then $ic \leftarrow ic+1$ **else** $ic \leftarrow ic+2$
    else $ic \leftarrow m$
  end;   〔4개의 명령 이외의 경우는 정지라는 의미〕
$z \leftarrow X[0]$

end

① 여기에서 P는 기계어 프로그램이고, x_1, x_2, ..., x_n은 P의 입력입니다. P = 〈OPR, ADR, m〉으로 P의 입력 개수는 n입니다.

계수 기계의 기계어 프로그램 P와 P에 입력하는 x_1, x_2, ..., x_n이 주어졌다고 하겠습니다. **while** 프로그램 U는 기계어 프로그램의 명령을 하나씩 해석하면서 실행합니다.

② P의 계수기 내용은 U에서 배열 X로 표기됩니다. 우선 입력 변수 x_1, x_2, ..., x_n의 내용이 배열 X에 저장됩니다. X[0]는 계수기 x_0에 대응하기 때문에 처음에

는 0입니다. x_{n+1}, x_{n+2}, ...의 내용도 처음에는 0입니다. U의 변수 ic는 명령 계수기를 나타냅니다.

③ ic는 현재 실행하려고 하는 명령의 번지이고, op = OPR[ic]는 실행하려는 명령의 연산 부분, ad = ADR[ic]는 번지 부분을 나타냅니다.

op = 'INC'의 경우, 즉 현재 실행하려고 하는 명령이 INC일 때 X[ad]를 1 증가시키고, ic를 다음 번지로 이동시킵니다. op = 'DEC'의 경우는 1 감소시키고, ic를 다음 번지로 이동시킵니다. op = 'JMP'의 경우는 명령 계수기 ic를 현재 실행하려고 하는 명령의 번지 부분 ad로 바꿉니다. op = 'JZR'의 경우는 X[ad]의 내용을 확인하고, 0이면 ic를 다음 번지에, 그렇지 않으면 ic를 다음 다음 번지로 설정합니다. 그 이외의 경우(올바른 프로그램일 경우는 있을 수 없다)는 ic에 m을 설정하고, 프로그램을 종료합니다.

모든 기계어 프로그램은 4개의 명령으로 구성되어 있습니다. 어떤 프로그램이 입력값과 함께 주어져도 해당 만능 프로그램을 사용하면 명령을 하나씩 해석하여 실행할 수 있습니다.

8-5 세계에서 가장 간단한 컴파일러 이야기

while 프로그램은 인간을 위한 고급 언어로 그것을 기계용 기계어로 번역하는 프로그램 *cmp*를 **컴파일러**라고 합니다. 다음은 *while* 프로그램의 문장 *s*를 기계어 프로그램 *cmp(s)*로 번역하는 절차에 대해서 설명하겠습니다.

다음에 설명하는 것은 세계에서 가장 간단한 컴파일러입니다. *while* 프로그램은 이론적 모델이기 때문에 컴파일러도 간단합니다. 실제 프로그래밍 언어의 경우는 더욱 복잡하지만 본질적으로 다르지 않습니다.

우선 ***while*** 프로그램의 문장 s를 기계어 명령 열인 cmp(s)로 변환합니다. cmp(s)는 ***while*** 프로그램의 문법에 따라 귀납적으로 다음과 같이 정의됩니다.

s가 기본 실행 문장 x_i++의 경우, cmp(s)는 다음과 같이 정의됩니다.

s가 x_i--일 때도 마찬가지로 다음과 같이 정의됩니다.

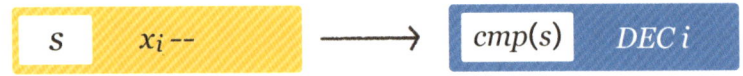

이러한 경우 cmp(s)는 1개의 명령으로 이루어진 열입니다. 명령은 연산 부분과 번지 부분으로 구성되어 있다는 것에 주의합니다.

s가 복합 문장의 경우

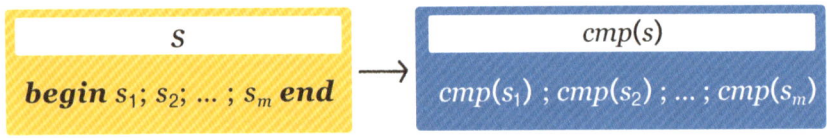

로 정의됩니다. 여기에서는 명령의 구분을 알기 쉽도록 하기 위해 구분 기호로 ";"를 사용하고 있습니다.

s가 ***while*** $x_i \neq 0$ ***do*** s'의 경우 cmp(s)는 다음과 같이 정의됩니다.

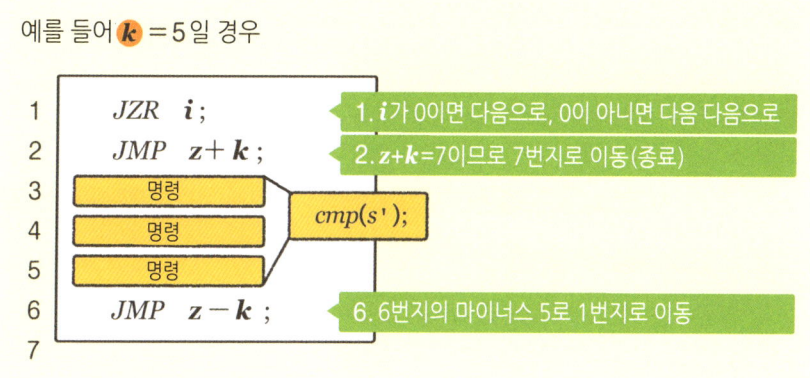

여기에서 $cmp(s')$는 s'를 컴파일러한 기계어 명령 열입니다. k는 "$cmp(s')$의 명령 개수+2"를 나타내는 수치입니다. z는 이러한 JMP 명령이 놓인 번지를 나타내는 기호입니다. 두 번째 JMP 명령은 계수기 x_i가 0이면 z + k 번지로 이동하는 것을 나타냅니다. 좀더 자세히 설명하면 $cmp(s')$에 나타나는 명령의 번지 부분은 상수가 아니라 "자신의 번지"를 나타내는 기호 z를 포함하고 있습니다. $cmp(s')$를 완성하여 배열 OPR과 ADR에 명령을 저장할 때 위에서 JMP 명령의 번지 부분 z + k에는 k에 해당 명령의 번지를 더한 값을 입력합니다. 또한, 번지 부분이 z − k일 경우에는 해당 명령의 번지 부분에서 k를 뺀 수치를 입력합니다.

앞 절에서는 기계어를 실행하는 만능 프로그램을 구성했지만 이번에 구성하는 것은 **while** 프로그램을 실행하는 만능 프로그램입니다. **while** 프로그램을 기계어로 번역(컴파일)해서 그것을 실행합니다.

다음의 **while** 프로그램 WHL은 **while** 프로그램의 s를 입력하면 $x_1, x_2, ..., x_n$에서 해석 및 실행되는 프로그램입니다.

$$\text{procedure } z \leftarrow WHL(s, x_1, x_2, \cdots, x_n):$$
$$\text{begin } P \leftarrow cmp(s);\ z \leftarrow U(P, x_1, x_2, \cdots, x_n)\text{ end}$$

앞서 설명한 <mark>U는 기계어에 대한 만능 프로그램</mark>이고, 이제 설명할 <mark>WHL은 **while** 프로그램에 대한 만능 프로그램</mark>입니다. 서로가 마찬가지이지만 WHL은 **while** 프로그램이라는 틀(범위) 속에서만 논의할 수 있고, U를 사용하면 계수 기계라는 모델에서만 이론을 전개할 수 있습니다.

튜링이 구성한 것은 "만능 튜링 기계"이지만 본질적으로는 위에서 언급한 만능 프로그램과 동등합니다. 이러한 만능 기계는 컴퓨터의 발달에 매우 큰 영향을 주었습니다. 당시 계획되었던 계산기는 모두 특수한 목적으로 만들어진 것이었지만 내장형 프로그램을 채택하면 일반 컴퓨터를 설계할 수 있습니다. 또한, 하드 부분도 복잡한 구조를 생각하지 않아도 아주 간단한 것이 될 수 있습니다. 소프트 부분에서도 프로그래밍 언어의 개발이라는 길이 열렸습니다. 새로운 알고리즘이 개발될 때마다 언어를 다시 설계할 필요는 없습니다. 하나의 컴퓨터가 프로그램을 바꾸기만 하면 무엇이든지 할 수 있습니다. 현재는 이러한 것이 당연한 일로 되었지만 사실, 이것은 튜링의 만능 기계 덕분입니다.

8-6 가상 공간으로서의 컴퓨터

만능 프로그램 U를 **while** 프로그램에서 쓰는 것이 어떤 의미가 있는 것일까요? 머리 속에서만 움직일 뿐, 실제로 실행할 수 있는 것은 아닙니다. 계수 기계의 기계어 프로그램은 실제로 실행하는 기계를 만드는 것이 아닙니다. 그러나 현재는 「기계를 모방하는 프로그램」 등이 당연한 것이 되었고, 기계뿐만 아니라 상점이나 게임 등 다양한 것들이 컴퓨터 속에서 실현되고 있습니다. 튜링은 「튜링 기계라는 닫힌 세계」에서 모든 것을 실현한 것입니다.

만능 기계는 매우 기묘한 프로그램입니다. 계수 기계를 실제로 만들려면 톱니바퀴라든지 전기라든지 여러 가지 수학적이지 않은 것을 포함합니다. 수학자는 직관적이면서 알기 쉽게 설명하는 것을 매우 싫어합니다. 수학자 특유의 단어를 사용하여 형식적으로 설명하는 것이 훨씬 간편합니다. 특히, 초보자는 구체적인 예를 통한 직관적인 설명을 선호하는 경향이 있지만 이론적으로는 부정확하고, 엄격하게 말하면 잘못된 것을 설명할지도 모릅니다.

8-7 정리

지금까지 소프트웨어 측면에서 계수 기계의 능력, 즉 **while** 프로그램의 능력에 대해서 생각해 보았습니다. 어느 계산 모델 B가 계산 모델 A보다 강력하다는 것을 나타내기 위해서는 B가 A를 모방(시뮬레이션)할 수 있음을 보여주면 됩니다. A가 할 수 있는 일은 무엇이든지 B가 모방할 수 있으므로 A보다 B가 더 강력합니다. 이러한 기법은 능력의 한계를 나타내는데 사용할 수 있습니다. 즉, B가 할 수 없는 것은 A도 할 수 없는 것입니다. 따라서 「**while** 프로그램이 할 수 없는 것은 현재의 프로그램에서도 할 수 없다」가 됩니다.

이 장에서는 「임의의 계수 기계의 프로그램」을 모방하는 v 프로그램(즉, 만능 프로그램) U에 대해서 알아보았습니다. U는 어떠한 계수 기계도 모방할 수 있기 때문에 그 어떤 계수 기계보다도 강력합니다. 계산기 모델에는 여러 가지가 있습니다. 현재의 컴퓨터는 「더하기 1」, 「빼기 1」 이외에도 다양한 연산이 가능합니다. 계수 기계에 사칙 연산 능력을 추가한 계산 모델을 「레지스터 기계」라고 합니다. 또한, 계수 기계에서 배열은 괴델 수를 사용하여 소프트웨어로 실현했지만 실제의 컴퓨터에서는 다음과 같은 기능을 가진 명령들이 포함되어 있습니다. 「레지스터 i의 내용을 레지스터 j가 나타내는 레지스터에 옮겨라」이러한 기능을 가진 계산 모델을 「랜덤·액세스 기계」라고 합니다. 즉, 랜덤 액세스 기계란 배열의 기능을 갖춘 계산 모델이라고 할 수 있습니다. 이러한 계산 모델을 계수 기계로 모방할 수 있다는 것을 나타내려면 위에서 구성한 만능 프로그램 U에 이러한 명령을 실행하는 부분을 덧붙이기만 하면 됩니다.

이 장에서 사용된 또 하나의 방법은 컴파일러입니다. 세상에는 온갖 프로그램의 언어로 넘쳐나고 있습니다. 이러한 언어가 $while$ 프로그램에서 모방할 수 있다는 것을 나타내려면 $while$ 프로그램으로 변환하는 컴파일러를 만들면 됩니다.

Chapter 9 계산 가능성

"계산할 수 있다"라는 직관적인 개념을 형식적인 개념으로 규정한 것이 "처치의 정립"입니다. 계산 가능한 문제란 무엇인가, 계산할 수 없는 문제는 있는가, 도대체 "문제"란 무엇인가…. 드디어 이 책의 주요 테마에 대해 알아봅니다.

9-1 계산 가능성의 능력

지금까지 계수 기계의 능력에 대해서 알아보았습니다. 계산 절차(알고리즘)만 알고 있으면 어떤 어려운 문제도 계수 기계로 계산할 수 있다는 것은 바꿔 말하면 컴퓨터로 풀 수 있는 모든 수학 문제는 계수 기계로 풀 수 있다는 것입니다. 여기에서 말하는 컴퓨터는 미래에 만들어지는 모든 컴퓨터를 포함한 것입니다.

계수 기계가 현재의 컴퓨터와 동등한 능력을 가졌다고 인정하더라도 이를 뛰어넘는 능력을 가진 컴퓨터가 나타나지 않는다고 단언할 수 있을까? 라고 생각하는 사람도 있을지 모릅니다. 아직 나타나지 않은 컴퓨터에 대한 것이기에 이것은 물론 입증할 수 있는 사항은 아닙니다. 그러나 지금까지의 긴 역사를 통해 얻은 경험과 실적으로 확신하고 있습니다.

9-2 계산 가능성과 처치 - 튜링의 정립

「우리가 가진 "계산할 수 있다"라는 직관적인 개념을 "계수 기계로 계산이 가능하다"라는 형식적인 개념으로 규정하자」 이것이 처치의 정립입니다. 즉, "계산할 수 있다"라는 것은 현실 세계에서 우리가 일상적으로 사용하고 있는 말이지만 "계수 기계로 계산 가능"이라는 전문 용어와 함께 수학적으로 정의된 개념, 즉 이데아 세계에 해당합니다. 계수 기계와 $while$ 프로그램 그리고 부분 함수도 이데아 세계(수학 세계)의 개념입니다.

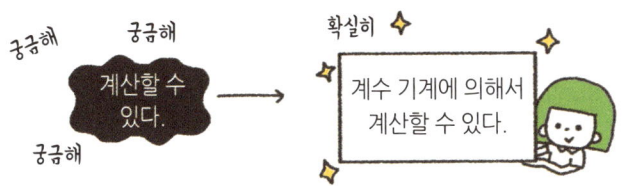

처치의 정립 - Church's thesis, 1935-

"계산할 수 있다"라는 직관적인 개념을 형식적인 개념으로 규정하자

개념의 틀은 위의 그림에서 보면 충분하지만 수학자의 입장에서 보면 애매모호한 부분이 있기 때문에 다음의 내용으로 보충하겠습니다. 계수 기계란 **while** 프로그램을 실행하는 컴퓨터의 수학적 모델입니다. 그러므로 **while** 프로그램과 계수 기계는 동일한 것으로 간주해도 좋습니다. 수학적 대상으로 우리가 취급하는 것은 모두 부분 함수입니다.

while 프로그램 P를 계수 기계에서 작동시켜 보겠습니다. P의 입력 개수를 n이라고 합니다. P에 n개의 자연수를 입력하면 P는 정지하고 b를 출력하거나 계속해서 멈추지 않거나 둘 중 하나입니다. 이러한 상황은 다음의 식으로 표현합니다.

$f(a_1, a_2, \cdots, a_n) = b$ ··· P는 입력 $a_1, a_2, \cdots, a_n$ 에서 b 를 출력한다.
$f(a_1, a_2, \cdots, a_n)$ 은 미정의 ··· P는 입력 $a_1, a_2, \cdots, a_n$ 에서 멈추지 않는다.

이러한 f를 **P가 계산하는 부분 함수**라고 합니다.

 정의   **부분 함수의 계산 가능성**   Def-004

부분 함수 f 가 계산 가능하다는 것은
f 를 계산하는 **while** 프로그램이 존재하는 것

이것이 "계산 가능"한 공식적인 그리고 형식적인 정의입니다. 처치가 이러한 정립을 세운 것은 이를 정의하고 싶었기 때문입니다.

함수 f가 계산 가능하다는 것은 f의 값이 모두 a_1, a_2, ..., a_n에 대해 정의되어 있기 때문에 f를 계산하는 기계(**while** 프로그램) P는 임의의 입력 a_1, a_2, ... , a_n에서 멈춰야 합니다. 복습을 위해 다시 한번 설명하면 아래와 같습니다.

> **정의 함수의 계산 가능성** Def-005
>
> 함수 f가 계산이 가능하다는 것은 f를 계산하는
> 모든 입력에서 정지하는 **while** 프로그램이 존재하는 것

처치의 정립으로 인해 "계산이 가능하다"라는 것은 "계수 기계에 의해 계산할 수 있다"는 것으로 공식화되었습니다. 기계는 프로그램이 없으면 움직이지 않기 때문에 "계수 기계에 의해 계산할 수 있다"는 것은 "그것을 계산하는 **while** 프로그램이 존재한다"는 것입니다.

처치의 정립이 제창되고 나서 거의 100년이 지났습니다. 현재는 모든 사람들이 처치의 정립을 인정합니다. 알고리즘은 영어나 한국어, 프로그래밍 언어 등 다양한 언어로 표현됩니다. 처치의 정립이 의미하는 바는 이러한 알고리즘은 모두 계수 기계를 움직이는 프로그램으로 변환할 수 있다는 것으로 바꾸어 말하면 **while** 프로그램으로 변환할 수 있다는 것입니다. 즉, 처치의 정립은 현재 다음과 같이 쓰여지고 있습니다.

함수 f는 이러한 알고리즘으로 계산할 수 있다. 따라서 처치의 정립에 의해 f를 계산하는 **while** 프로그램이 존재한다.

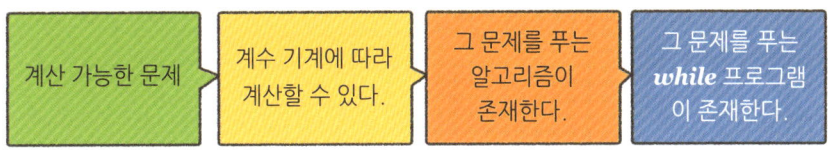

9-3 집합의 계산 가능성

자연수의 집합 A가 계산이 가능한지에 대해서 생각해 보겠습니다. 집합 A가 계산이 가능한지는 다음을 충족하는 **while** 프로그램 P가 존재하는 것입니다. 만약, x가 A의 요소라면 P는 입력 x에서 yes(1)라고 대답하고, x가 A의 요소가 아니라면 no(0)라고 대답합니다. P가 이와 같이 실행할 때 **while** 프로그램 P는 자연수의 집합 A를 **계산한다**라고 합니다.

따라서 **집합 A가 계산이 가능하다는 것은 "A를 계산하는 while 프로그램이 존재한다"**가 됩니다.

9-4 자연수 이외의 경우 계산 가능성(성별 판정 문제)

여기까지 함수와 집합의 계산 가능성은 **while** 프로그램이 존재하는 것으로 판단할 수 있다고 설명했습니다. 단, **while** 프로그램은 자연수만 다룬다는 단점이 있습니다. 그럼, 대상이 자연수 이외일 경우는 계산 가능성을 어떻게 판단하면 좋을까요?

우선 간단한 예를 살펴보겠습니다. 「이 한국인은 여성인지 남성인지」를 판정하는 경우에 대해서 생각해 보겠습니다.

이 한국인을 대상으로 「성별을 판정하는 문제」의 계산 가능성을 판단하려면 우선, 성별 판정 문제를 「어떻게 프로그램으로 해결할지」를 생각해야 합니다. 현시점에서 입력값은 「사람」이지만 「사람」만으로는 프로그램의 입력값을 다룰 수 없기 때문에 자연수로 변환해야 합니다. 또한, 여기에서는 한국인을 대상으로 했습니다. 그럼 「사람」의 입력은 어떻게 자연수로 변환하면 좋을까요? 「사람」에게 붙여지는 대표적인 라벨로 「이름」이 있지만 동명이인이 있기 때문에 이것은 적당하지 않습니다. 그래서 국민 개개인에게 고유의 자연수를 분배하기로 하겠습니다. 국민 x에 분배된 자연수를 "x"로 나타내고, 이것을 x의 국민 코드라고 하겠습니다.

코드화함으로써 입력 x 부분을 자연수로 변환할 수 있습니다. 다음으로 대상의 범위를 명확히 합니다. 해당 질문에서는 한국 국적을 가진 사람 「전체」를 대상으로 하고 있기 때문에 다음과 같이 나타냅니다.

한국 국적을 가진 사람 전체로 이루어진 집합을 Ω(오메가)라고 한다.

Ω(오메가)를 다루는 대상 전체로 이루어진 집합으로 이를 **보편 집합**이라고 합니다. 이 경우 한국 국적을 가지고 있는 사람을 모두 빠짐없이 모은 것이 보편 집합 Ω(오메가)가 됩니다. 이와 같이 대상 범위를 명확하게 하는 것은 논의에서 매우 중요합니다.

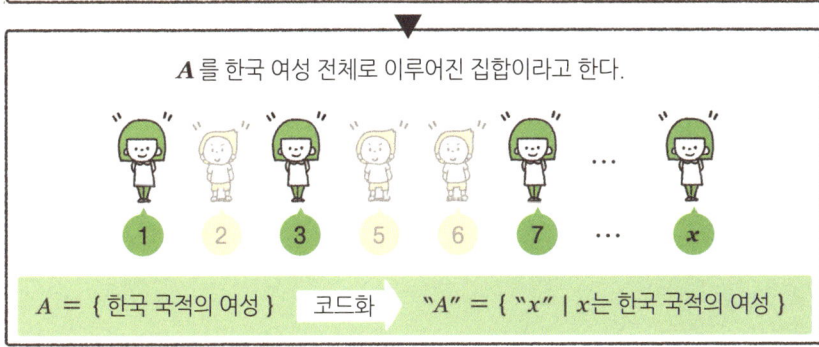

보편 함수가 정해져 있지 않으면 어떻게 되나요?

보편 함수는 대상 범위를 명확하게 하기 위해서 필요한 개념이란다.
보편 함수가 정해져 있지 않으면 다음의 그림과 같은 일이 일어나 버린단다.

성별 판정 문제는 **"사람"에게 국민 코드를 붙이는 것으로 사람을 자연수로 번역**하여 문제를 풀었습니다. 즉, **Ω**(오메가)의 각 요소 x에 자연수 $\sigma(x)$를 분배했습니다. $\sigma(x)$를 x의 **코드**라고 하며, 함수 $\sigma : \mathbf{\Omega} \to \mathbf{N}$을 **Ω**의 **코드화**라고 합니다.

위에서는 성별 판정 문제를 예로 들었지만 범용성을 좀더 높게 설명하면 다음과 같습니다. **A**를 **Ω**(오메가)에 대한 어떤 본질이라고 합니다. 다음은 성질 A의 판정 문제라고 부르기로 합니다.

문제 성질 **A**의 판정 문제   problem-002

입력 Ω(오메가)의 요소 x

문제 x는 성질 **A**를 충족하는가?

성별 판정 문제와 마찬가지로 우선, 코드화하는 것으로부터 시작해 보겠습니다. 성질 A를 충족하는 Ω(오메가) 요소 x의 코드 전체로 이루어진 집합을 "**A**"로 표기합니다. 즉, 코드화함으로써 **A**를 자연수로 번역합니다. 이것을 수학 기호로 표현하면 "**A**"는 다음과 같이 표기됩니다.

> "**A**" = { "x" | 대상 x는 성질 A를 충족한다 }

성질 **A**의 판정 문제를 자연수 문제로 번역하면 다음과 같이 됩니다.

문제 | **성질 A의 판정 문제 2** | problem-003

입력 대상 x의 코드 "x"
문제 "x"는 "**A**"의 요소인가?

9-5 *while* 프로그램의 인식 문제

계산 가능한 문제의 예로 응용편입니다. 어떤 프로그램이 *while* 프로그램의 문법을 따르고 있는지에 대해서 판단하는 문제를 「*while* 프로그램의 인식 문제」라고 합니다.

문제 | ***while* 프로그램의 인식 문제** | problem-004

입력 문자열 P
문제 P는 문법적으로 올바른 *while* 프로그램인가?

입력의 「문자열 P」는 정확히 표현하면 「Σ(시그마)의 문자열 P」입니다. 앞에서 설명한 성별 판정 문제가 Ω(오메가)를 한국 국적을 가진 사람 전체로 이루어진

집합으로 범위를 결정했듯이 **while** 프로그램에 나오는 모든 문자를 모은 집합을 Σ(시그마)라고 설정하여 문자열의 범위를 정확히 규정합니다. 수학에서는 문자, 문자열의 정확한 정의가 필요하기 때문입니다.

문법적으로 올바른 **while** 프로그램 전체로 이루어진 집합을 WP로 나타냅니다. 주어진 문자열이 문법적으로 올바른지를 판정하는 기술을 <mark>구문 분석</mark>이라고 합니다. 그 동안 구문 분석 연구가 활발히 진행되면서 많은 구문 분석 알고리즘이 개발되었습니다. 따라서 처치의 정립으로 「**while** 프로그램의 인식 문제는 계산이 가능하다」라고 할 수 있습니다. **while** 프로그램은 자연수만을 다룰 수 있기 때문에 WP가 계산이 가능하다는 것은 **while** 프로그램에서 프로그램 코드 전체로 이루어진 집합 "WP"가 계산이 가능하다는 것을 의미합니다.

9-6 소수 판정 문제

7-5에서 **while** 프로그램 prime(x)를 실제로 사용한 것을 기억해 봅시다. 처치의 정립에서 계수 기계에 의해 계산할 수 있는 것을 계산 가능이라고 했습니다. 즉, **while** 프로그램이 실제로 사용할 수 있으면 계산 가능이라는 것입니다. 따라서 소수 판정 문제는 계산이 가능합니다.

소수 전체로 이루어진 함수를 PRIME 즉, PRIME = {2, 3, 5, 7, 11, 13, ...}이라고 합니다. 소수 판정 문제는 집합 PRIME으로 정식화됩니다.

어느 쪽도 소수 판정 문제

```
procedure z ← prime(x):
 begin
   if x ≦ 1
     then z ← 0
     else begin z ← 1; j ← 2;
       while j < x do
         begin if x mod j = 0 then z ← 0;
               j++
         end
     end
 end
```

소수 전체로 이루어진 함수를 PRIME이라고 한다.

x → PRIME → yes / no

while 프로그램을 쓸 수 있다.
= 그 집합은 계산이 가능한 거란다.

9-7 「문제」란 자연수의 집합

우리는 지금까지 "기계"에 대해서 생각해 왔습니다. 기계란 「질문을 하면 대답을 하는 것」이라고 파악했습니다. 이것을 추상화한 것이 "함수"입니다. "기계"는 「현실 세계」의 주민이고, "함수"는 「수학 세계」의 주민입니다. 고대 그리스의 철학자 플라톤이 「수학 세계」를 「이데아의 세계」라고 했습니다. 플라톤은 「이러한 현실 세계는 변하기 쉽고, 오감에 지배되어 있어서 믿을 수 없다. 이데아 세계야말로 진정으로 실재하는 세계이다」라고 말했습니다. 이를 "이데아론"이라고 하는데 "실재"라는 말의 의미가 보통과 반대인 것 같아 혼동할지도 모릅니다. 예를 들이 기하학에서 「점」과 「직선」은 이데아 세계에서 보편적으로 존재하고 있는데, 현실에서 종이에 쓴 점과 직선은 실제 「점」이나 「직선」의 볼품없는 이미테이션으로 진짜가 아니라는 것이 이데아론입니다.

보통 우리가 「문제」라고 할 경우 어떤 질문에 대하여 원하는 대답을 요구하지만 이후부터는 문제라는 답이 yes나 no 중 하나인 것으로 제한합니다. 이러한 문제를 「결정 문제」라든가 「yes/no 문제」라고 부를 때도 있지만 이 책에서는 단순히 「문제」라고 하겠습니다. 즉, 문제 P란 질문 x가 주어졌을 때 yes(1) 또는 no(0)를 대답하는 것입니다. 다루고 있는 대상 전체로 이루어진 집합을 Ω라고 합니다. 이론에서는 자연수만 다룰 수 있기 때문에 대상 x는 자연수 $\sigma(x)$로 해석됩니다. 이와 같이 「문제」 자체를 보면 **"문제란 자연수의 집합이다"**라고 설명할 수 있습니다.

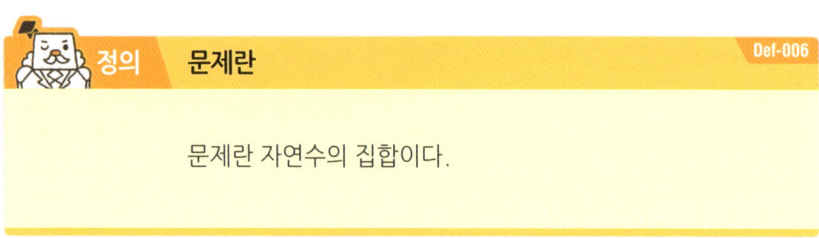

정의   문제란   Def-006

문제란 자연수의 집합이다.

「문제」의 정의를 처음 접한 독자는 이러한 정의가 특이하게 생각될 것입니다. 이론의 세계에서는 숫자, 함수, 집합 등은 현실에 존재하는 것 즉, 「대상」으로 다루어집니다. 「문제란 자연수의 집합」이라고 정의함으로써 「문제」도 실존하는 대상으로 취급할 수 있는 것입니다. 여기에 문제 자체를 대상으로 취급함으로써 문제를 **족(클래스)**으로 분류할 수 있습니다. **족(클래스)**은 집합의 「모임」(집합)입니다.

9-8 러셀의 역설

「집합」이라는 개념을 이용하면 수학을 구성하는 가장 기본적인 개념을 형식적으로 정의할 수 있습니다. 그러나 집합이라는 개념이 도입된 무렵인 19세기말에도 이러한 개념은 좀처럼 사람들에게 받아 들여지지 않았습니다. 하지만 힐베르트의 계획이 말해주듯이 수학을 예전 그리스 시대의 유클리드 기하학처럼 논리적으로 신뢰할 수 있는 견고한 이론으로 확립하려는 움직임이 있었습니다. 20세기의 유명한 철학자이자 평화 운동가이기도 한 러셀은 그 중 한 사람이었습니다. 러셀은 **수학을 처음부터 다시 만들자**는 원대한 계획을 가지고 있었습니다. 여기에서 기본이 되는 개념이 집합입니다. 그러나 어느 날 러셀은 이러한 집합이라는 개념에 중대한 결함이 있다는 사실을 깨달았습니다. 이를 **러셀의 역설**이라고 합니다.

문득 러셀은 생각했습니다. 집합을 전부 모아서 만들 수 있는 "집합"으로 생각할 수 있을까? 가능하다면 이를 Ω라고 하자. 그러면 Ω 자신이 집합이므로 Ω는 Ω의 요소이다. 기호로 쓰면

$$\Omega \in \Omega$$

가 됩니다. 조금은 이상한 느낌도 들지만 이것을 인정해야 합니다. 그렇다면 다음에 정의된 집합 A는 어떨까.

$$A = \{\, B \mid B \notin B \,\}$$

다시 말하면 A는 「자기 자신을 요소로 포함하지 않는 집합」을 전부 모아서 만든 집합이 됩니다.

예를 들어 자연수 전체의 집합 N은 집합을 요소로 가지고 있지 않기 때문에 N $\notin$ N입니다. 따라서 N은 A의 요소입니다(여기서부터가 대각선 논법입니다). 그렇다면 「A는 A의 요소」일까요?

☑ 1. A는 A를 요소로 포함하지 않는다. 즉, A $\notin$ A이라고 가정

A의 정의에 따라서 A는 A의 요소가 됩니다. 이것은 모순입니다.

☑ 2. A는 A를 요소로 포함한다. 즉, A $\in$ A이라고 가정

A의 정의 「자기 자신을 요소로 포함하지 않는 집합」에 의해서 "A는 A를 요소로 포함하지 않는다."가 되는데 이것도 모순입니다. 기호로 쓰면 다음과 같이 됩니다.

$$A \in A \text{라고 하면 } A \notin A \text{에 모순}$$
$$A \notin A \text{라고 하면 } A \in A \text{에 모순}$$

집합 전체로 이루어진 집합을 동일한 집합이라고 생각하면 모순이 됩니다. 이러한 모순을 해결하기 위해 집합 전체로 구성된 모임을 집합과 구분하여 **족(클래스)**이라고 부르기로 합니다. 이 장에서는 계산 가능성에 대해서 설명했지만 처치의 정립에서 원래 의도는 **"계산 가능성"이라는 개념의 확립이 아니라 그 부정의 개념인 "계산 불가능성"을 확립하는 것이었습니다.** 다음 장에서는 이런 「계산 불가능성」에 대해서 자세히 알아보겠습니다.

Chapter 10 계산할 수 없는 문제

컴퓨터 과학의 기초가 되는 "튜링 기계의 정지 문제"에 대한 이론입니다. 현재 계산 불가능한 많은 문제는 이러한 문제에서 파생된 것입니다. 어떤 알고리즘도 수행할 수 있는 만능 튜링 기계, 만능 기계 조차도 계산할 수 없는 문제란 도대체 어떤 문제일까요?

10-1 계산할 수 없는 문제

튜링의 중요한 업적 중 하나는 「계산할 수 없는 문제」, 즉, **계산이 불가능한 문제**를 발견한 것입니다. 지금은 이러한 문제를 **튜링 기계의 정지 문제**라고 합니다. 실제로 튜링이 발견한 것은 이 문제가 아니라 「계산할 수 없는 실수」와 「계산할 수 없는 논리식」인데 대부분의 이론서에서 해당 정지 문제를 「최초의 계산할 수 없는 문제」라고 설명하고 있습니다. 또한, 계산 불가능한 많은 문제들이 이러한 문제에서 파생되었습니다. 「튜링 기계의 정지 문제」가 계산 불능임을 증명한 것은 마틴·데이비스(1952)로 그의 저서인 「계산 이론」은 당시 컴퓨터 과학 연구자들의 필독서였습니다. 이 책에서도 「최초의 계산할 수 없는 문제」로 튜링 기계의 정지 문제를 언급하였습니다. 그러나 해당 책에서는 튜링 기계 대신 계수 기계(*while* 프로그램)를 이용하기 때문에 튜링 기계의 정지 문제와 동등한 「*while* 프로그램의 중지 문제」에 대해서 생각합니다.

10-2 자가 진단

세계적으로 유명한 로봇 박사가 있었는데 그는 어느 섬에 로봇 나라를 만들었습니다. 그 나라의 로봇은 어떤 질문에 대하여 yes나 no로 대답을 합니다. yes일 경우는 오른손의 녹색 깃발을, no일 경우는 왼손의 오렌지색 깃발을 올립니다. 박사는 매우 만족스러웠지만 어느 날 한 로봇이 어떤 질문에 대해서 yes도 no도 대답하지 않는다는 사실을 깨달았습니다. 물론 이런 로봇이 있는 것은 어쩔 수 없지만 이러한 로봇을 미리 찾아낼 수 있는 좋은 방법을 연구하였습니다.

그래서 눈 앞에서 다른 로봇의 성능을 평가하는 능력을 갖도록 하였습니다. 예를 들어 어떤 로봇은 바로 앞에서 로봇의 배터리를 점검하여 1년 이상 방전되지 않는다면 yes라고 하고, 1년 미만에 배터리가 방전된다면 no라고 합니다. 무엇을 조사하는지는 로봇마다 정해져 있습니다.

그리고 yes도 no도 대답하지 않는 로봇을 찾기 위해 1대씩 거울 앞에 서게 했습니다. 즉, **자가 진단**을 하는 것입니다. 거울 앞에 서서 yes나 no를 대답하는 로봇을 "자가 진단 가능"이라고 부르기로 합니다. 이렇게 하면 온 나라의 로봇을 거울 앞에 세우기만 하면 되므로 간단하게 검사를 할 수 있을 것이라고 박사는 생각했습니다.

박사는 로봇 연구자이기 때문에 혼자서 모든 것을 검사하지는 않고, 그것을 검사하는 로봇을 만들기로 했습니다. 이러한 로봇을 닥터 X라고 부르기로 합니다.

닥터 X는 로봇 P가 자가 진단이 가능하면 yes라고 대답하고, 그렇지 않으면 no라고 대답합니다.

P 프로그램을 주사(走査)하면 P가 어떤 검사를 실시하고 있는지를 분석한다…라고 박사는 생각했습니다. 그리고 마침내 박사는 닥터 X와 같은 로봇을 만들 수 없다는 것을 깨달았습니다. 그것을 증명하겠습니다.

닥터 X를 만들 수 있다고 가정합니다.

닥터 X의 오른쪽 어깨를 망가뜨려 yes라고 대답할 수 없도록 한 것을 닥터 Y라고 하겠습니다. 닥터 Y를 거울 앞에 세워봅니다. 독자 여러분은 어떻게 될 것이라고 생각하세요?

오른팔이 망가졌기 때문에 no라고 대답하거나 아무 대답도 하지 않거나 둘 중 하나입니다.

☑ *no* 라고 대답했다고 할 경우

즉, 닥터 Y는 자신을 자가 판단할 수 없다고 판단한 것입니다. 그러나 거울을 보고 no의 깃발을 올리는 것은 자가 판단을 할 수 있다는 것을 의미합니다.

여기에서 모순이 발생합니다.

✅ 아무 대답도 하지 않았다고 할 경우

닥터 X는 어떤 로봇에 대해서도 yes나 no로 대답하기 때문에 아무것도 대답하지 않는다는 것은 망가진 오른쪽 어깨가 원인입니다. 즉, 닥터 X는 yes라고 대답했을 것입니다. 닥터 Y는 아무 대답도 하지 않았는데 닥터 X의 입장에서는 「Y는 자가 진단이 가능하다」라고 판단한 것이 됩니다. 여기에서도 모순이 발생합니다.

어느 쪽이든 모순이 발생하기 때문에 닥터 X는 누구도 만들 수 없다는 뜻이 됩니다. 자신을 거울 앞에 세워놓고 자기가 자가 판단을 할 수 있는지를 판단하는 로봇은 만들 수 없습니다. 이것이 바로 ==계산할 수 없는 문제==의 본질입니다.

10-3 *while* 프로그램의 자기 정지 문제

해당 부분은 이 책의 중요한 주제 중 하나이므로 조금 자세하게 설명하겠습니다. 이해가 빠른 사람에게는 같은 설명이 반복된다고 느껴질지도 모릅니다. 닥터 X의 이야기를 좀더 수학적인 이론에 맞게 바꿔보겠습니다. 로봇 나라의 로봇은 고도의 입력 장치인 «눈»을 가지고 있지만 계산 이론에서는 입력 장치를 이론에서 분리합니다.

다시 말하면 입력은 모두 자연수로 해석되어 입력되는 것입니다. P를 로봇이라고 하겠습니다. P를 거울 앞에 서게 한다는 것은 「P에 P의 설계도(코드) "P"를 입력하는 것」에 해당합니다. 내친김에 출력도 변경하겠습니다. 로봇 나라에서는 깃발을 올려서 yes인지 no인지를 대답했지만 이번에는 "파란 램프"와 "빨간 램프"로 yes인지 no인지를 대답하기로 하겠습니다.

하지만 이것은 본질적인 구조를 변경한 것이 아닙니다. 그러면 로봇 P가 자가 진단이 가능하다는 것은 다음이 성립하는 것을 의미합니다.

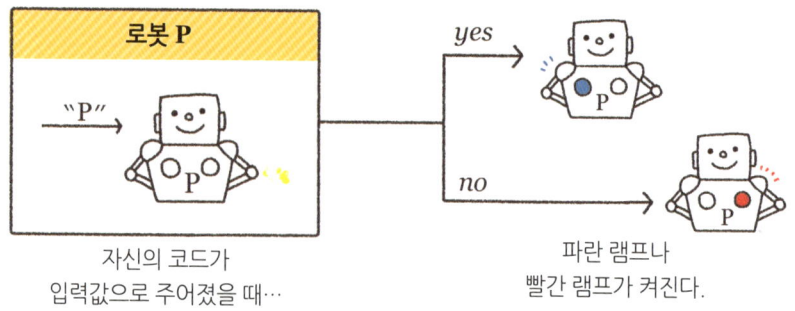

닥터 X를 여기에서는 판단 로봇 X라고 부르기로 합니다. 판단 로봇은 로봇 P의 설계도 "P"가 입력되었을 때 로봇 P가 자가 진단이 가능한지를 대답하는 로봇입니다. 즉, P에 "P"가 입력되었을 때 P가 제대로 작동되면 파란 램프가 점등되고, 고장(어떤 램프도 점등되지 않음)이면 빨간 램프가 점등되는 로봇입니다.

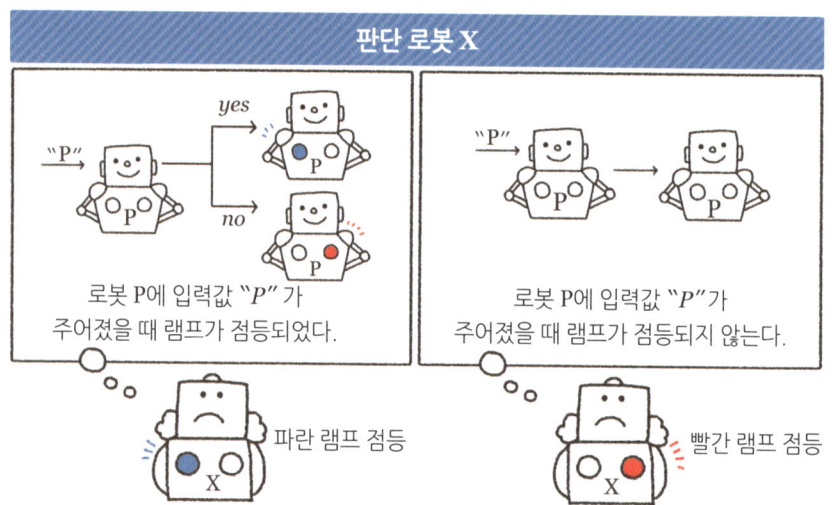

이전의 논의와 동일하지만 결론부터 말하면 자신의 프로그램 코드가 입력값으로 주어진 경우에 제대로 대답하는 로봇인지 아닌지를 판단하는 **판단 로봇은 만들 수 없습니다.** 다시 한 번 복습해 보겠습니다. 판단 로봇 X를 만들 수 있다고 가정합니다. 닥터 X의 경우는 오른팔이 망가졌지만 판단 로봇 X의 경우는 파란 램프가 고장 났습니다. 이 로봇을 Y라고 하겠습니다. Y에 "Y"를 입력하면 이전과 마찬가지로 모순이 됩니다.

판단 로봇 X에서 판단 로봇 Y를 만든다.

판단 로봇 X   판단 로봇 Y   입력값 "Y"가 주어졌을 때 어떻게 될까?

☑ 1. 입력값 "Y"에서 로봇 Y의 램프가 켜졌다.

판단 로봇 Y의 파란 램프가 고장 났기 때문에 램프가 켜졌다는 것은 빨간 램프가 켜져 있다는 것이 됩니다. 그럼 판단 로봇이 판단했을 때의 머릿속을 들여다보겠습니다.

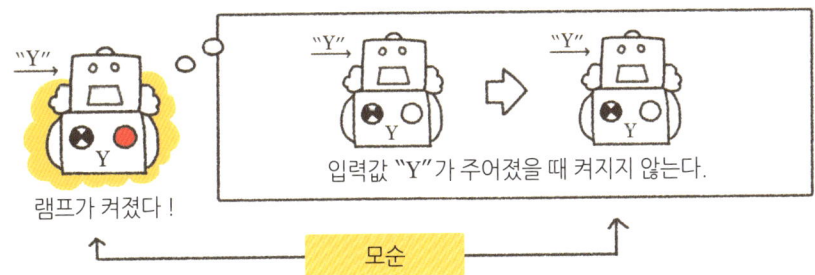

램프가 켜졌다!   입력값 "Y"가 주어졌을 때 켜지지 않는다.

모순

빨간 램프가 켜졌다는 것은 「입력값 "Y"가 주어졌을 때 점등되지 않는다」라고 판단했다는 것을 의미합니다. 여기에서 현재 판단 로봇에는 빨간 램프가 켜져 있고, 머릿속에서의 자신은 램프가 켜져 있지 않은 상황이므로 모순이 발생합니다.

☑ 2. 입력값 "Y"에서 로봇 Y의 램프가 켜지지 않았다.

입력값 "Y"가 주어졌을 때 켜지지 않는 경우를 생각해 보겠습니다. 점등되지 않았다는 것은 원래 파란 램프가 켜져야 하는 부분에서 답이 나왔다는 것입니다. 여기에서 머릿속을 들여다보겠습니다. 파란 램프가 점등되었어야 했다는 것은 머릿속에서 「판단 로봇 Y는 램프를 점등하고 있다」라고 판단했다는 것입니다. 머릿속에서는 「켜져 있다」라고 판단하고 있는데 현실 세계에서는 켜져 있지 않습니다. 여기에서도 실제 판단 로봇 Y와 머릿속 판단 로봇 Y의 상황이 달라서 모순이 발생합니다.

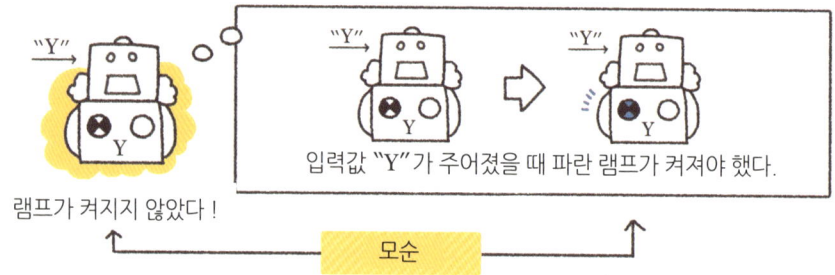

머릿속에서 자신의 판단과 현실 속에서 자신의 판단이 달라지는 것이 대각선 논법입니다.

즉, 프로그램이 올바른지(정지하는지) 아닌지를 판단하는 판단 로봇을 만들려고 해도 자신을 입력하는 특별한 경우에는 모순이 생겨버립니다. 판단 로봇은 "언제나 정확한 판단을 내려야 한다"는 점에서도 중요합니다.

어떤 특별한 경우와 여기에서 자신을 판단해야 하는 경우 모순이 생겨버린다면 「판단 로봇은 만들 수 없다」라고 간주한다는 점에 유의합시다.

(어떤 특별한 경우를 제외하고) 대체적으로 판단할 수 있는 로봇은 만들 수 있어도 판단 로봇이 존재한다고 말할 수는 없는 거네요.

그래. 그게 바로 일상 생활 감각과 조금 다른 점이란다. 일상 생활에서 「대부분의 물건을 붙일 수 있는 강력한 접착제」는 「무엇이든지 붙여 버리는 접착제」라고 생각할 수 있는데, 수학에서는 반례로 「무엇이든지 붙일 수 있다」라고는 말하지 않는단다. 왜냐면 수학에서는 붙지 않는 물건이 하나라도 있으면 무엇이든 붙일 수 있는 접착제가 존재하지 않는 것이 되기 때문이란다.

위의 논의에서는 아직 "로봇"이라는 애매모호한 개념이 들어있습니다. 이것을 ***while*** 프로그램으로 바꾸어 보겠습니다. 단, 여기에서 모든 ***while*** 프로그램은 입력이 1개인 것으로 하겠습니다. P를 ***while*** 프로그램이라고 합니다. P에 자기 자신, 즉 "P"를 입력했을 때 P가 정지한다면 "P는 ==자기 정지를 한다==" 라고 합니다. 정지한다는 것은 출력이 있다는 것으로 즉, 무엇인가를 대답하는 것입니다. 앞에서 설명한 로봇의 이야기에서는 로봇이 거울을 보고 yes인지 no인지를 대답하는 것, 다시 말하면 자기 판정이 가능하다는 것을 나타냅니다. 로봇 P를 보고 「P가 자기 판정이 가능한지 안 한지」를 판단하는 문제를 ***while*** 프로그램에서 고쳐 만든 것이 ***while*** 프로그램의 ==자기 정지 문제==입니다.

P는 **while** 프로그램입니다. 이 **while** 프로그램에서 P를 코드화한 "P"를 입력하여 「정지하는지 정지하지 않는지」를 판단하는 것이 자기 정지 문제입니다. 결론부터 말하면 해당 문제는 계산이 불가능합니다.

while 프로그램 P가 코드 "P"를 입력했을 때 「정지하거나 또는 정지하지 않거나」를 판단하는 프로그램 X가 존재한다고 하겠습니다.

X는 「P가 입력 "P"에서 정지한다」면 yes라고 대답하고, 「P가 입력 "P"에서 정지하지 않는다」면 no라고 대답합니다. 이때, X를 조금 변형해 보겠습니다.

yes라고 대답하는 부분을 무한 루프로 대체한 것을 Y라고 합니다. 프로그램 Y에 "Y"를 입력하면 다음과 같이 모순이 됩니다.

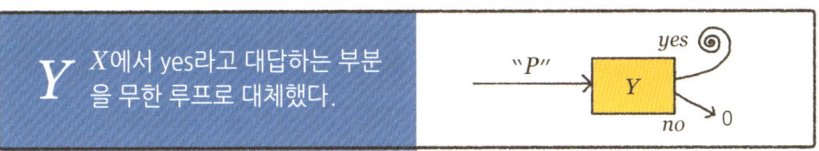

☑ 1. Y가 입력 "Y"에서 정지하지 않았다고 가정한다.

정지하지 않는다는 것은 무한 루프의 상태이므로 X가 입력 "Y"에서 yes라고 대답했다는 것을 의미합니다. X의 정의에 따라「Y는 입력 "Y"에서 정지한다」라는 것이 되므로 모순입니다.

☑ 2. Y가 입력 "Y"에서 정지했다고 가정한다.

이것은 X가 입력 "Y"에서 no라고 대답했다는 것을 의미합니다. 그러면「Y는 입력 "Y"에서 정지하지 않는다」라는 것이 되므로 이것도 모순입니다.

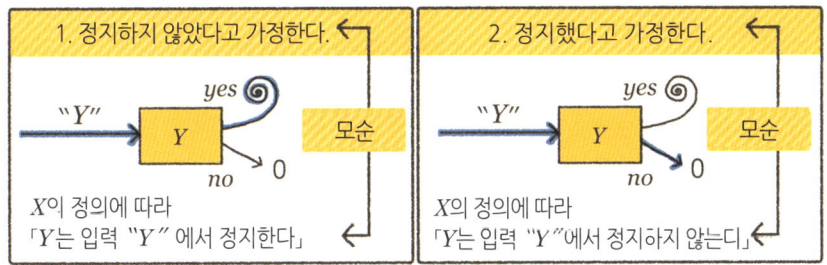

이상으로 이러한 Y(X)는 존재하지 않는다는 것을 말할 수 있습니다. 이렇게 하여 **while** 프로그램의 자기 정지 문제는 계산이 불가능하다는 것이 증명되었습니다.

| 정리 | **while 프로그램의 자기 정지 문제** | Thm-001 |

while 프로그램의 자기 정지 문제는 계산이 불가능하다.

10-4 while 프로그램의 정지 문제

앞에서 설명한 **while** 프로그램의 **"자기" 정지 문제**는 기교적이고 부자연스러운 느낌이 들었습니다. 실제로 이 문제는 계산이 불가능하다는 것을 증명하기 위해 작성된 문제이고, 보통은 보다 자연스러운 다음의 문제를 다루게 됩니다. 이러한 문제를 **while 프로그램의 정지 문제**라고 합니다.

| 문제 | **while 프로그램의 정지 문제** | problem-007 |

입력 while 프로그램 P와 P에 입력 x
문제 P는 입력 x에서 정지하는가?

여러분이 프로그램 P를 쓰고, P에 데이터 x를 입력했다고 하겠습니다. 그러나 컴퓨터는 아무리 기다려도 대답을 하지 않을지도 모릅니다. 이런 경우 정지 문제를 계산해 주는 프로그램 HALT가 있다면 도움이 됩니다. 이 경우 실행하기 전에 HALT에게 묻습니다. 만약 HALT가 yes라고 대답할 경우 정지한다는 확신을 받았으니 안심하고 P를 x에서 실행하면 되고, no이면 실행을 포기할 수 있습니다.

그러나 이렇게 편리한 HALT는 존재하지 않는다는 것을 바로 알 수 있습니다.

그럼 존재한다고 가정해 보겠습니다. HALT에 입력 x를 "P"로 바꿉니다. 즉, HALT에「**while** 프로그램 P와 P에 입력 "P"」를 입력합니다. 그러면 HALT에서 「P는 입력 "P"에서 정지하는지 안 하는지」를 대답해 줍니다. 다시 말하면 HALT는「**while** 프로그램의 자기 정지 문제」까지 계산해 버립니다. 이것은 앞에서 설명한「**while** 프로그램의 자기 정지 문제」가 계산이 불가능하다는 정리에 모순이 됩니다. 계산 불능성의 직관적 설명은 이것으로 충분하지만 이론을 조금 더 알아가기 위해서 지금까지 논의했던 것을 좀더 형식적으로 설명하겠습니다.

다음의 논의에서 프로그램은 **while** 프로그램이 아니어도 괜찮기 때문에 이하에서는 "**while**"을 뺍니다. 프로그램의 정지 문제가「계산이 가능하다」라고 가정하면 정지 문제를 푸는 HALT 프로그램이 존재합니다. 프로그램의 자기 정지 문제와 프로그램의 정지 문제를 그림으로 나타내면 다음과 같습니다.

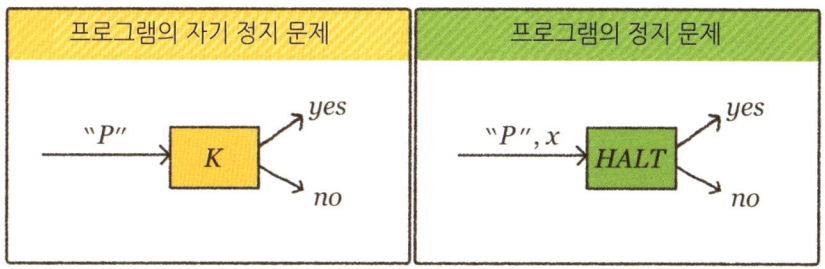

여기에서 K는 프로그램의 자기 정지 문제를 푸는 프로그램, 즉 P가 입력 "P"에서 정지한다면 yes, 정지하지 않는다면 no라고 대답합니다. 앞 절에서도 증명했듯이 이러한 K는 존재하지 않습니다. HALT는 프로그램 P가 입력 x에서 정지한다면 yes, 정지하지 않는다면 no라고 대답합니다. 프로그램의 정지 문제가「계산이 불가능하다」라는 것을 증명하는 경우 오른쪽의 HALT를 사용하여 왼쪽의 K가 구성된다면

(K 같은 프로그램이 존재하지 않는 것을 알고 있기 때문에) 프로그램의 정지 문제도 「계산이 불가능하다」라고 할 수 있습니다. 그럼 여기에서 주목해야 할 점은 입력입니다. 왼쪽의 프로그램 자기 정지 문제의 입력은 "P"(프로그램 P의 코드)이고, 오른쪽의 프로그램 정지 문제의 입력은 "P", x입니다.

입력을 복사하는 프로그램 COPY를 만듭니다. 이 COPY를 사용하여 다음과 같은 프로그램 M을 만듭니다.

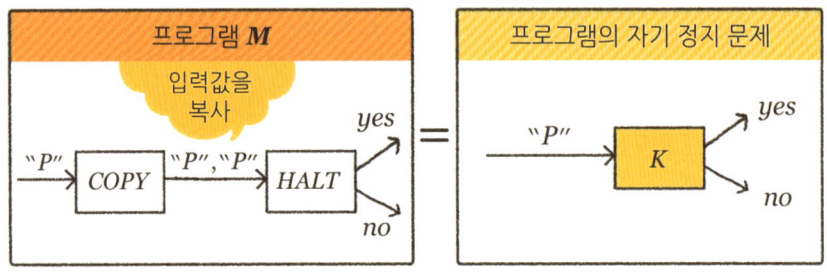

이러한 입력을 복사하는 프로그램 COPY를 더하면 입력의 개수는 2개가 됩니다. 만약 프로그램 HALT가 존재한다고 가정한다면 프로그램 M도 존재합니다. 여기에서의 M은 바로 K일 것입니다. 즉, 프로그램의 정지 문제를 푸는 프로그램 K가 존재하게 됩니다.

while 프로그램과 튜링 기계의 가장 큰 장점은 정의가 단순하다는 것입니다. 정의가 단순하기 때문에 모방하기도 쉬운데, 이는 다른 문제로 바꿔 쓰기가 쉽다는 것입니다. 문제 A를 문제 B로 환원한다는 것은 B를 A로 모방하는 것 또는 문제 B에 대한 입력을 문제 A의 입력으로 변환하는 것입니다. 순서가 반대로 되어 있다는 점에 주의합니다.

> *while* 프로그램의 자기 정지 문제와 *while* 프로그램의 정지 문제는 매우 비슷하네요. 한 번만 더 가르쳐 주세요. 두 문제는 어디가 다른 거예요?

> *while* 프로그램의 자기 정지 문제는 입력값이 *while* 프로그램의 코드 하나였단다. *while* 프로그램의 정지 문제에서 입력값은 ⟨"P", x⟩이고, 크기가 2의 배열로 되는 거란다.

수학에서는 동일한 개념을 다른 말로 표현할 때가 많습니다. 예를 들면 정사각형을 구형이라고 하거나 직각 사변형이라고도 합니다. 이 책에서도 명제, 조건, 성질, ... 등은 거의 같은 의미로 사용하고 있습니다. 그러면 이러한 개념을 정리하도록 하겠습니다. 여기에서의 명제와 함수 등은 모두 1 변수(즉, 입력의 개수는 1개)입니다. 명제의 정의는 「명제란 "참" 또는 "거짓"의 값을 취급하는 함수」라고 했습니다. P를 명제로 할 때 이 책에서는 다음과 같은 그림으로 나타냈습니다.

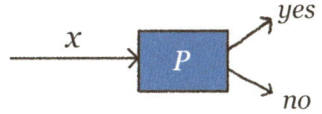

같은 그림을 P가 프로그램이나 기계일 경우에도 사용했습니다. P가 *while* 프로그램일 경우 P는 문법에 따라 작성된 문자열이고, 계수 기계일 경우는 계수기를 가진 기계입니다. P가 논리식일 경우는 ∧이나 ∨를 사용하여 쓰여진 식을 나타냅니다. 그러나 이러한 세부 사항을 무시하면 모두 위의 그림과 같이 나타낼 수 있습니다. 수학에서는 세부 사항의 차이를 버리고, 추상적으로 보는 것이 매우 중요합니다.

또한, 해당 그림은 "문제"를 나타낼 때도 사용하였습니다. 이전 페이지의 「자기 정지 문제 K」라든가 10-4의 「정지 문제 HALT」를 봐주세요. 해당 문제들의 입력은 임의의 자연수가 아니라 조건이 붙어 있습니다. 문제는 흔히 다음과 같은 형태로 언급됩니다.

> 입력 　특성 B를 가진 x
> 문제 　x는 성질 A를 가지는가?

이러한 B를 「입력 조건」이라고 합니다. 프로그램을 사용할 때는 어떤 것을 대상으로 할 것인지를 미리 명확히 해 둘 필요가 있습니다. 입력 조건은 다음과 같이 「질문」에 포함시킬 수 있습니다.

> 입력 　임의의 x
> 문제 　x는 B와 A를 모두 충족하는가?

여러분은 Chapter 9에서 「문제는 자연수의 집합」이라고 정의한 것을 기억하고 있습니까? 이런 정의는 납득할 수 없다고 생각하신 분들도 있을 것입니다. 앞의 그림에서 P를 집합으로 보는 경우 해당 그림은 「P가 yes라고 대답하는 x 전체로 이루어진 집합」을 나타냅니다. 기호로 쓰면

$$\{ x \mid P(x) \}$$

가 됩니다. 위의 입력 조건에서 B가 붙은 문제 A를 집합으로 표현하면

$$\{ x \in B \mid A(x) \} \text{ 또는 } \{ x \mid B(x) \wedge A(x) \}$$

라고 쓸 수 있습니다. 이처럼 문제 P를 자연수의 집합과 동일시하거나 P를 푸는 **while** 프로그램으로 보면 논쟁이 단순화되고, 기호가 넘쳐나는 것을 방지할 수 있습니다.

10-5 정지 문제를 집합으로 나타내다

Chapter 9에서 문제는 자연수의 집합으로 취급할 수 있다고 설명했습니다. 즉, 「**while** 프로그램의 자기 정지 문제」도 「**while** 프로그램의 정지 문제」도 자연수의 집합입니다. 문제를 자연수의 집합으로 취급하면 간단하게 생각할 수 있습니다. 「**while** 프로그램의 자기 정지 문제」는 자연수의 집합 K로 형식화됩니다.

> K = { "P" | P는 **while** 프로그램, P는 입력 "P"에서 정지한다 }
> = { x | x는 **while** 프로그램의 코드로
> x가 나타내는 프로그램은 입력 x에서 정지한다 }

> **문제**   자기 정지 문제 K problem-008
>
> **입력** x
>
> **문제** x는 **while** 프로그램의 코드로
> 프로그램 x는 입력 x에서 정지하는가?

이러한 자기 정지 문제를 푸는 **while** 프로그램도 동일한 기호 K로 나타냅니다. 또한, K는 「문제」이므로 「명제」이기도 합니다.

만약 K가 계산이 가능하다면 다음에서 정의된 Q도 계산이 가능합니다.

> ***procedure*** $z \leftarrow Q(x)$:
>   ***if*** $x \in K$ ***then*** *loop* ***else*** $z \leftarrow 0$

여기에서 K는 닥터 X이고, Q는 X의 yes라고 대답하는 부분을 고장 낸 닥터 Y입니다. $x \in K$는 x가 ***while*** 프로그램 P의 코드로 「P가 입력 "P"에서 정지한다」라고 하면 yes라고 대답하고, 그렇지 않으면 no라고 대답하는 것을 의미합니다. 직관적인 설명을 장황하게 늘어 놓았지만 형식적인 프로그램에서는 단 두 줄로 설명이 됩니다. 그만큼 이해하기가 어렵습니다. loop는 무한 루프를 나타내는 것이지만 이것은 다음 프로그램의 줄임말입니다.

> ***while*** $1 = 1$ ***do begin end***

다시 말하면 프로그램 Q는 x가 ***while*** 프로그램으로 x가 입력 x에서 정지하면 무한 루프가 되고, 그렇지 않으면 no라고 대답합니다. 즉, 로봇 Q(=닥터 Y)는 닥터 X의 $z \leftarrow 1$(yes라고 대답하는 부분, 즉 파란 램프가 켜진 부분)을 무한 루프로 대체한 것입니다. 이러한 Q에 "Q"를 입력하면 모순이 발생합니다.

> $x =$ "Q" $\in K$
> $\Leftrightarrow Q$는 입력 "Q"에서 정지한다.

또는, 위의 프로그램에서

> "Q" $\in K \Leftrightarrow Q$는 입력 "Q"에서 정지하지 않는다.

가 되고, 이는 모순입니다.

while 프로그램의 정지 문제는 다음에 정의된 자연수의 집합 HALT으로 형식화됩니다.

문제　　**정지 문제** *HALT*　　　　　　　　　　　　　　　problem-009

HALT={ <"*P*", *x*> | *P*는 ***while*** 프로그램, *P*는 입력 *x*에서 정지한다 }

앞에서 언급했듯이 ***while* 프로그램의 정지 문제도 계산이 불가능**합니다. 이것도 형식적이지만 증명을 해 보겠습니다. 자기 정지 문제 K는 계산이 불가능하므로 K를 푸는 알고리즘은 존재하지 않습니다. ***while*** 프로그램의 정지 문제(즉, HALT)가 「계산이 가능하다」라고 가정합니다. 그러면 ***while*** 프로그램의 자기 정지 문제 K는 다음의 ***while*** 프로그램으로 계산할 수 있습니다.

```
procedure z ← K(x):
    begin y ← < x , x >;
        if y ∈ HALT then z ← 1 else z ← 0
    end
```

이것은 ***while*** 프로그램의 자기 정지 문제 K가 「계산이 불가능하다」라는 것과 모순이 됩니다. y ← ⟨x, x⟩가 앞서 언급한 직관적인 증명의 COPY에 해당합니다.

10-6 중단 시간 정지 문제

다음은 비슷한 문제로 **계산이 가능한 중단 시간의 정지 문제**를 살펴보겠습니다.

문제	중단 시간 정지 문제	problem-010
입력	while 프로그램 P와 P에 입력 x 그리고 자연수 k	
문제	P는 입력 x에서 k 단계 이내에 정지하는가?	

이 문제는 **while** 프로그램의 정지 문제와 비슷하지만 **계산이 가능한 문제**입니다. 다음과 같이 계산할 수 있습니다. 프로그램 P를 입력 x에서 실제로 k 단계만 움직여 봅니다. k 단계 이내에서 정지하면 yes라고 대답하고, 그렇지 않으면 no라고 대답합니다. 해당 문제를 계산하는 **while** 프로그램을

$$z \leftarrow STEP(P, x, k)$$

라고 합니다. 실제로 STEP을 구성하려면 Chapter 8에서 설명한 만능 프로그램 WHL과 U를 조금만 수정하면 됩니다. 변수 count를 준비한 후 우선, count에 k를 설정합니다. P를 컴파일하여 기계어 프로그램으로 변환하고, U를 사용하여 P를 컴파일한 기계어 명령을 하나씩 실행합니다. 그리고 하나씩 실행할 때마다 count에서 1을 빼고, count가 0이 되면 P의 모방을 강제로 종료합니다. P가 입력 x에서 정지했다고 하겠습니다. 예를 들어 500 단계에서 정지했다고 할 경우 그러면 499 이하의 특정 k에 대해서 STEP(P, x, k)는 no(0)라고 대답하고, 500 이상의 k에 대해서는 yes(1)라고 대답합니다. 만약 P가 입력 x에서 정지하지 않으면 임의의 k에 대해서 STEP(P, x, k)는 0이라고 대답합니다.

<mark>프로그램의 정지 문제가 계산이 불가능한 것은 프로그램이 언제 멈출지 예측할 수 없기 때문입니다.</mark> 예측 단계의 수 k를 지정하면 k 단계 이내에 중지하는지, 중지하지 않는지를(실제로 실행해 보면) 판단할 수 있습니다.

0(거짓) 또는 1(참) 이외의 값을 취급하지 않는 함수를 논리식이라고 합니다. STEP은 계산이 가능한 논리식입니다.

또한, ∃ k. STEP(P, x, k)는

$$STEP(P, x, k) = 1이 되는 k가 존재한다.$$

를 의미하는 논리식입니다. 그렇다면 다음이 성립합니다.

$$P가\ x에서\ 정지한다\ \Leftrightarrow\ \exists k.STEP(P, x, k)$$

STEP(P, x, k)는 계산이 가능하지만 ∃ k.STEP(P, x, k)는 계산이 불가능합니다. 여기에서 STEP이라는 함수는 Chapter 13에서 문제의 본질을 알아내기 위하여 사용됩니다.

10-7 불필요한 변수와 불필요한 문장

어느 ***while*** 프로그램에서 다음의 ***if*** 문장이 나타났다고 하겠습니다.

$$\textit{if}\ STEP\ (P, x, k)\ \textit{then}\ u \leftarrow 0\ ;$$

대입문 u ← 0이 실행되는 것은 STEP(P, x, k)가 1의 값을 취할 때에 한합니다. 그러나 STEP(P, x, k) = 1이 되는 경우 k가 존재하는 것은 P가 입력 x에서 정지할 때 또는 그 시간에 한합니다.

따라서 *if* 문장 자체는 계산할 수 있지만 일반적으로 문장 u ← 0이 실행될 수 있는지 없는지는 계산이 불가능합니다.

절대로 사용되지 않는 변수를「불필요한 변수」라고 하고, 절대로 사용되지 않는 문장을「불필요한 문장」이라고 합니다. 만약 불필요한 변수와 불필요한 문장을 찾아주는 시스템이 있다면 프로그래머는 매우 편리할 것입니다. 그러나 이러한 시스템은 계산이 불가능하므로 만들 수 없습니다.

10-8 정리

이 장에서는 책의 주요 목적 중 하나인 계산이 불가능한 문제를 제시했습니다. 이것은 단순히「계산할 수 없는 문제가 존재한다」라는 존재의 정리가 아니라「정지 문제」라는 구체적인 문제가「계산이 불가능하다」라는 것을 증명하고 있다는 점에 유의합시다. 단순히 계산이 불가능한 문제가 존재할 뿐이라면 보다 쉽게 증명할 수 있습니다(Chapter 12). 일반적으로 수학에서는 부정적인 결과의 증명은 긍정적인 결과를 이끌어낼 때와 전혀 다른 방법을 사용하는 경우가 많습니다.「계산이 불가능하다」의 증명은 자기 언급(대각선 논법)의 "궤변"이라고 할 수도 있는 교묘한 방법으로 증명됩니다. 현재에는 너무 많은 문제가「계산이 불가능하다」는 것을 알고 있지만 모두 대각선 논법으로 증명되고 있습니다. 또한, 대부분이「정지 문제」에서 환원되는 것으로 증명되고 있습니다. 현재 대각선 논법은 궤변이 아닌 정당한 증명 방법으로 인정받고 있습니다.

Chapter 11 튜링 기계와 계산기

계수 기계는 계산 모델을 사용하여 기계가 계산하는 방법을 생각했습니다. 튜링이 생각한 튜링 기계는 계수 기계와 본질적으로 같은 능력을 가지고 있습니다. 여기에서는 "튜링 기계를 모방하는 계수 기계" 또는 반대로 "계수 기계를 모방하는 튜링 기계"에 대해서 생각해 보겠습니다.

11-1 자연수 이론과 언어 이론

이 책에서 설명한 계수 기계는 자연수를 대상으로 하고 있습니다. 자연수에는 덧셈과 곱셈 등의 "연산"이 정의됩니다. 덧셈과 곱셈을 포함한 자연수의 체계를 <mark>자연수 이론</mark>이라고 합니다. 자연수 이론이라고 하면 생소할지도 모르지만 음의 정수를 다루는 <mark>정수 이론</mark>에 대해서는 알고 있는 사람도 많을 것이라 생각됩니다. 자연수에 대해서는 오래 전인 고대 그리스에서도 고도의 이론이 전개되고 있었으며, 「자연수란 무엇인가」 등 지금에 와서 다시 설명하지 않더라도 「이미 알고 있다」라고 생각할 것입니다. Chapter 1에서 설명한 디오판토스도 고대 그리스의 수학자입니다. 그러나 자연수가 형식적으로 엄격하게 정의된 것은 19세기말이 되고 나서의 일입니다. 페아노가 자연수의 정의를 정확하게 내려준 것인데 이것에 대해서는 Chapter 3에서 이미 설명했습니다.

그럼, 「자연수」는 「계산」의 필수 요소일까요? 「계산」 또는 「사고」에는 항상 「자연수」가 관련되어 있을까요? 현재 계산 이론은

> (1) 자연수를 대상으로 한 이론
> (2) 문자열을 대상으로 한 이론

두 가지의 "유의"가 있습니다. 무엇을 선택하느냐는 단순히 취향 문제로 본질적인 차이는 없습니다. 이 책에서 설명한 계수 기계와 **while** 프로그램은 자연수를 대상으로 하고 있으며, 현재의 컴퓨터와 궁합이 매우 좋고, 초보자에게 직관적으로 이해할 수 있는 모델이라고 할 수 있습니다. 한편, 튜링이 창설한 이론은 (1)의 문자열을 대상으로 하는 이론으로 보다 원리적이면서 전문가 취향의 모델이라고 할 수 있습니다.

하지만 너무 "원시적"이기 때문에 준비 단계를 습득하는데 시간이 오래 걸립니다. 다음은 (2)의 이론에 대해서 설명하겠습니다.

페아노가 자연수를 정의했듯이 문자열을 대상으로 한 이론에도 "문자"라든지 "문자열" 등 각 개념의 형식적인 정의가 있습니다. 이것은 Chapter 1에서 설명한 것과 같이 「수학을 기초부터 엄밀하게 정의하자」라는 흐름 속에서 시작된 이론이기 때문입니다. 초보자 입장에서는 형식적인 논의에 대해서 거부감이 생길 수도 있기 때문에 앞으로 설명하는 것은 전반적인 분위기를 파악하는 것으로 하겠습니다.

유한개의 "문자"로 이루어진 Σ(시그마)를 생각하는 것부터 이론은 시작됩니다. 그러면 먼저 「문자란 무엇인가」라는 「문자의 정의」에 대해서 의문이 생깁니다. 형식 논리에서는 "집합"이나 "유한 집합"에서부터 논의를 시작하겠습니다. 구체적으로는 다음과 같습니다.

> **알파벳**은 유한 집합이다. Σ(시그마)를 알파벳이라고 한다. Σ(시그마)의 원소를 (Σ(시그마)) **문자** 또는 **기호**라고 부른다.

이것이 "문자"와 "기호"의 정의입니다. 따라서 「문자란 무엇인가」라고 물으면 「유한 집합 Σ(시그마) 원래의 것입니다」라고 대답하면 됩니다.

다음은 "문자열"의 정의입니다.

> 문자의 유한열을 **문자열**이라고 힌다.

"유한열"이란 어느 집합에 속하는 요소를 유한개 세운 열로 형식 논리에서는 설명 없이 사용해도 되는 개념(원자 개념) 중 하나입니다(유한열이란 배열입니다).

이론에서는 "문자열"을 "언어"라고 부르기도 합니다. 문자열(즉, 언어)의 집합을 **형식 언어** 또는 단순히 **언어**라고 합니다. 앞에서 설명한 (2)의 문자열에 대한 이론을 **"형식 언어 이론"**이라고 합니다.

잠깐 쉬어가자 - 문자열 이론-

Chapter 7의 복습이지만 n개의 문자 $a_1, a_2, ..., a_n$을 세운 열을 **길이 n의 문자열**이라고 합니다. 길이가 0인 문자열을 **빈 문자열**이라고 하고, 기호는 λ(람다)로 나타냅니다.

자연수에는 사칙 연산이 있지만 문자열 연산에는 "곱"뿐입니다. 문자열 $x = a_1, a_2, ..., a_n$과 $y = b_1 b_2 ... b_m$에 대하여 곱 $x \cdot y$는 다음으로 정의됩니다.

$$a_1 a_2 \cdots a_n b_1 b_2 \cdots b_m \qquad ①$$

어려울 것 같은 설명이지만 문자열 x와 y의 곱이란 x 다음에 y를 나란히 세워둔 것입니다. 곱 $x \cdot y$를 단순히 xy라고 표현하기도 합니다. 문자열 x에 대해

$$x \cdot \lambda = \lambda \cdot x = x$$

가 성립한다는 점에 유의합시다. 다시 말하면 위의 ①에서 $n=0$일 때와 $m=0$일 때에 해당합니다. 이러한 내용을 토대로 문자열에 대한 이론이 시작됩니다.

11-2 오토마톤 이론과 튜링 기계

아주 오래된 일이지만 1960년대에 자연 언어 학자 촘스키가 영어 등 자연 언어 문법의 수학적 모델을 발표했습니다. 당시에는 컴퓨터 과학이 시작하고 있을 때로 수학자들이 모여 **"오토마톤 이론"**을 만들려고 했습니다. 오토마톤이란 약간의 말장난으로 붙여진 이름으로 "자동 인간"을 뜻하는데, 지금은 "전뇌"를 의미합니다. 촘스키가 제창한 문법과 수학자가 제시한 오토마톤이 결합되었습니다. 문법이란 언어를 정의하는 모델로 오토마톤이라는 언어를 인식하는 모델입니다. 당시 사람들은 「지능은 언어이다」라고 생각했습니다. 이렇게 하여 형식 언어 이론이 점점 발전하였습니다.

오토마톤이란 튜링 기계의 제한된 모델입니다. 다음에서는 다양한 오토마톤에 대해 설명하겠습니다. 우선은 튜링 기계를 다시 복습하겠습니다. Chapter 1에서 설명한 튜링 기계는 양방향으로 무한히 늘어나는 테이프를 가지고 있고, 이 테이프는 한쪽만 무한합니다. 즉, 테이프는 「왼쪽 끝을 잡고, 오른쪽으로 무한히 늘어뜨리기」로 합니다. 테이프는 "칸"으로 구분되고, 각 칸에는 "문자"를 입력할 수 있습니다. 사용할 수 있는 문자 집합을 Γ(감마)라고 합니다. Γ(감마)는 "공백"이라 불리는 특별한 기호를 포함하고 있습니다. 공백을 기호 "♭"로 표기하기로 하겠습니다. Γ(감마)의 부분 집합 Σ는 입력으로 허락하는 문자 집합으로 지정됩니다. 빈 ♭는 입력 문자에 포함되지 않습니다. 튜링 기계로 허용되는 동작은 헤드를 1칸 오른쪽으로 옮기는 것, 1칸 왼쪽으로 옮기는 것, 헤드에 있는 칸의 문자를 읽는 것, 칸에 문자를 쓰는 것의 4가지 종류뿐입니다.

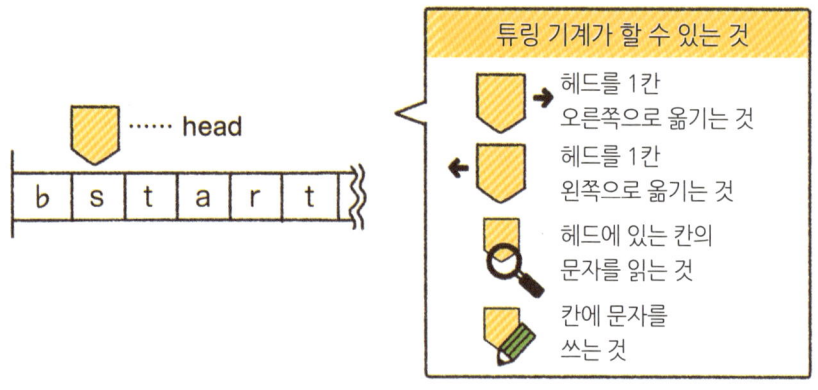

　새로운 이론 분야를 공부하기 시작할 때는 먼저 여러 가지 세세한 개념을 기억해야 합니다. 튜링이 시작한 것은 미개척 분야입니다. 튜링의 논문은 엄격하고 형식적이지만 많은 기호가 범람하면서 매우 난해한 부분이 있습니다. 이후 많은 연구자들의 손을 거쳐 여러 권의 이론서가 쓰여지면서 설명도 직관적이고 알기 쉬워졌지만 역시 튜링 기계를 습득하기 위해서는 나름의 노력이 필요합니다. 수학은 어떤 분야에서도 그 분야만의 닫힌 세계를 만듭니다. 이 책에서는 이미 「계수 기계의 세계」를 만들어 왔습니다. 그래서 계수기의 세계에서 튜링 기계를 설명하겠습니다.

　여러분은 「튜링 기계를 모방한 계수 기계를 만드시오」라고 하면 어떻게 하겠습니까? 자신을 목수 또는 전자 기술사라고 생각하고 만들어 보세요. 계수 기계는 몇 개의 계수기만 있을 뿐 계수기에 대해서는 「더하기 1」과 「빼기 1」 밖에 할 수가 없습니다. 「그런 것은 될 리가 없어」라고 생각할지도 모릅니다. 그러나 우리는 이미 계수기를 사용하여 다양한 도구를 만들어 왔습니다. 가장 큰 도구는 **"배열"**입니다. 이러한 도구를 사용하면 무엇이든지 할 수 있습니다. 이것이 현재 컴퓨터의 위력입니다.

튜링 기계 M을 구성하겠습니다. M 테이프를 나타내는데 배열 A를 사용합니다. 배열 A는 현실의 계수 기계에서는 하나의 계수기에 지나지 않습니다. 그러나 계수기는 임의의 자연수를 저장할 수 있고, 자연수를 인수 분해하면 배열로 해석할 수 있습니다. 즉, **마법의 힘으로 계수기 A는 배열로 "변신하는 것"**입니다. 또 하나의 계수기 head를 사용합니다. head는 테이프 헤드를 나타냅니다. M은 d개의 문자를 사용한다고 하겠습니다. 각 문자에 자연수 $0, 1, ..., d-1$을 분배합니다. 단, 빈 b에는 0을 분배합니다. 문자 a에 분배된 자연수를 'a'로 나타내겠습니다.

그러면 튜링 기계의 명령은 다음과 같이 나타낼 수 있습니다.

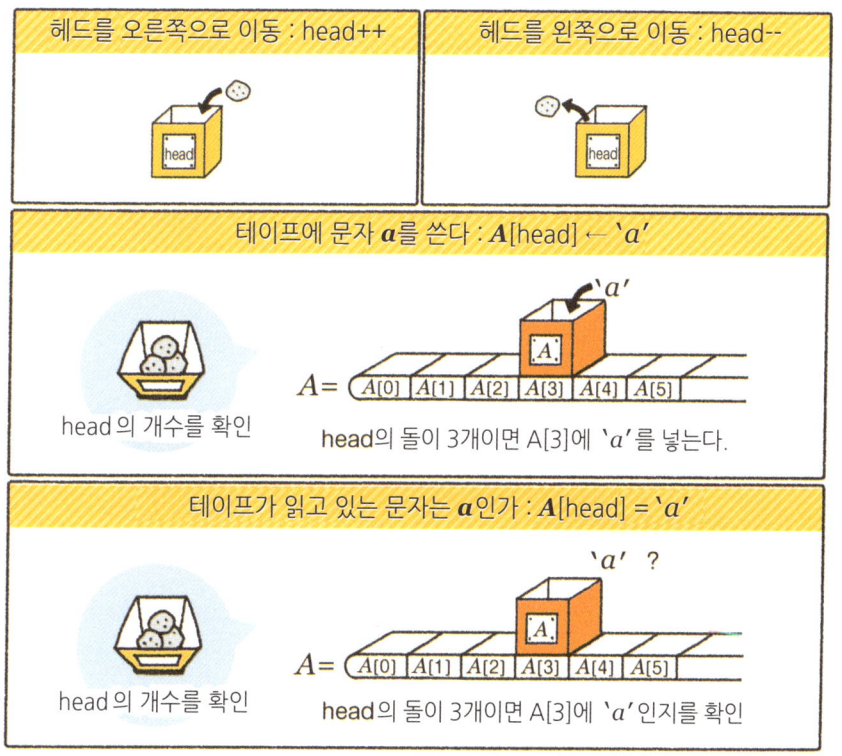

이렇게 4개의 명령 문장이 튜링 기계의 움직임을 모두 망라하고 있습니다.

예를 들어 다음은 빈 ♭가 나타날 때까지 헤드를 오른쪽으로 이동하는 튜링 기계의 프로그램입니다.

> ***while*** $A[\text{head}] \ne$ '♭' ***do*** $\text{head}++$

이렇게 하면 어떤 튜링 기계도 ***while*** 프로그램으로 실현할 수 있다는 것을 알 수 있습니다.

다음은 반대로 계수 기계를 튜링 기계로 모방하는 것을 생각해 보겠습니다. 여기에서는 약간 이상한 현상이 나타납니다. 우리는 위에서 튜링 기계를 계수 기계로 실현했습니다. 이 튜링 기계를 사용하여 계수 기계를 모방한다는 것은 계수 기계로 계수 기계를 모방할 수 있지 않을까요? 실제로 가능하지만 신경을 쓸 필요는 없습니다. 계수 기계로 구성한 튜링 기계는 조금 더 자립한 튜링 기계이기 때문입니다.

사용하는 문자는 ♭, 1, #, %의 4문자라고 하겠습니다. 예를 들어 사용하는 계수기가 3개 x_0, x_1, x_2이고, 그 내용이 5, 0, 3이라면 이를 모방하는 튜링 기계의 테이프 내용은

> #11111##111#

이라고 하겠습니다.

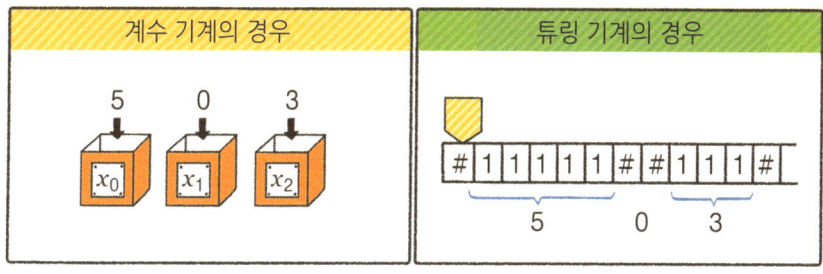

모방을 시작할 때 헤드는 왼쪽 상단의 #을 보고 있습니다. 일반적으로 x_0, x_1, ..., x_k의 내용이 t_0, t_1, ..., t_k라면 튜링 기계의 테이프는 다음과 같습니다.

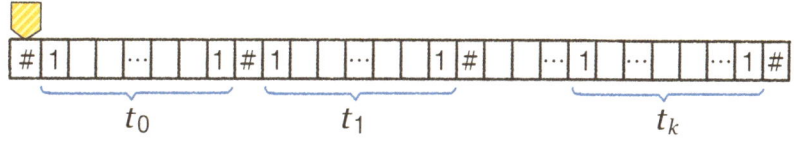

x_i의 내용이 0인지 아닌지를 테스트하려면 헤드를 i번째의 #까지 이동시키고, 오른쪽 문자가 1인지 아닌지를 살펴보면 알 수 있습니다.

x_i에 1을 더하려면 i + 1번째의 #에서 오른쪽에 쓰여진 문자열 전체를 1칸만 오른쪽으로 옮길 필요가 있습니다. 다음의 순서대로 실행합니다.

① 먼저 i + 1번째의 #까지 헤드를 오른쪽으로 이동시킨다.

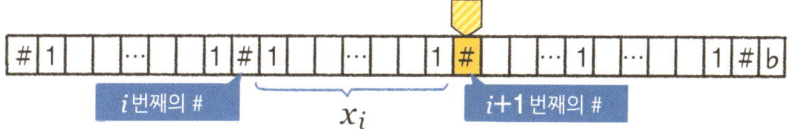

② 지금의 #을 %로 바꾸어 쓴다.

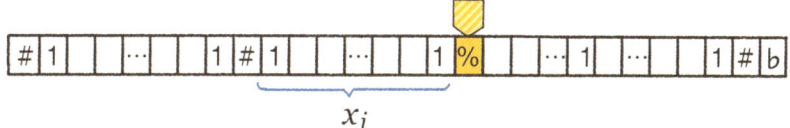

③ 헤드를 공백이 나타날 때까지 오른쪽으로 이동시킨다.

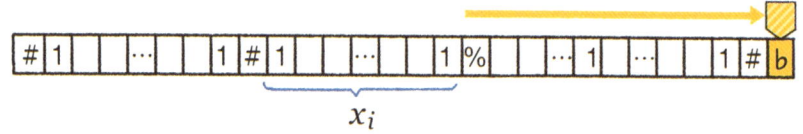

④ 공백이 나타나면 헤드를 왼쪽으로 1칸 되돌리고, 다음의 절차를 실행한다.

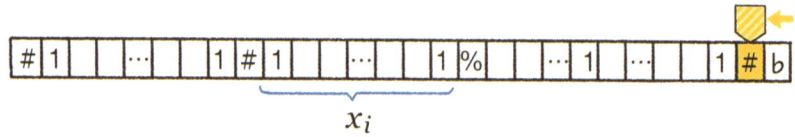

다음은 튜링 기계의 움직임을 나타내는 프로그램입니다. 언뜻 보면 **while** 프로그램으로 보이지만 튜링 기계의 기본 명령만으로 구성되어 있다는 점에 주목합니다.

> **while** A[head] ≠ '%' **do**
>   **begin if** A[head] = '#'
>   **then begin** head++; A[head] ← '#' **end**
>   **else begin** head++; A[head] ← '1' **end**;
>   head--; head--
> **end**

이러한 절차는 이전에 쓴 기호 %가 나타날 때까지 현재 헤드가 읽고 있는 문자를 오른쪽으로 이동시킵니다. 다시 말하면 현재 읽고 있는 문자가 #이면 오른쪽 칸에 #을 쓰고, 그렇지 않으면(읽고 있는 문자가 1이기 때문에) 1을 씁니다. 쓰고 난 후 헤드를 왼쪽으로 2칸 이동시킵니다.

그러면 %로부터 오른쪽에 있던 문자열 전체가 오른쪽으로 칸을 이동할 수 있습니다.

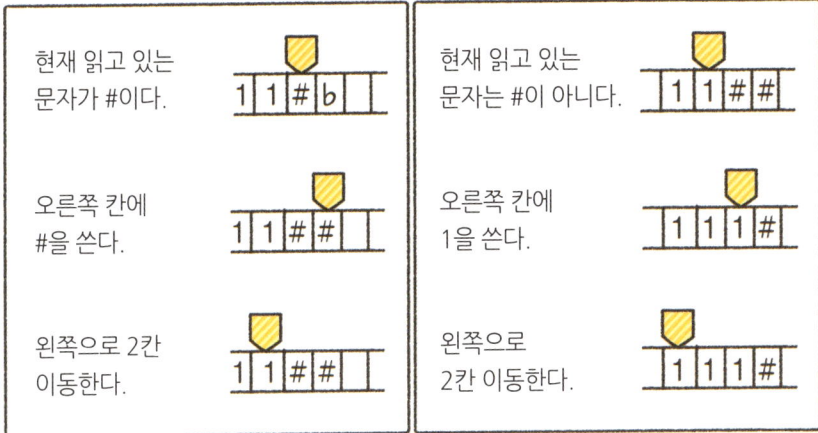

다음은 %를 1로 바꾸어 쓰고, 현재의 1은 오른쪽 칸에 #을 쓰고, 헤드를 왼쪽 끝의 # 위치로 옮기면 모방이 종료됩니다. x_i에서 1을 빼는 절차도 동일합니다. 이에 따라 **계수 기계의 작동을 튜링 기계로 모방할 수 있다는 것이 증명되었습니다.**

튜링 기계의 프로그래밍에는 여러 가지 기법이 있는데 가장 특징적인 것 하나만 소개하겠습니다. 우리는 계산하거나 물건을 생각할 때 이를 기억하기 위해서 공책을 사용합니다. 공책은 다음 페이지로 넘기거나 이전에 쓴 것을 보기 위해 앞으로 돌아갈 수 있습니다. 공책 한 페이지에 쓸 수 있는 글자수는 정해져 있습니다. 예를 들어 100자라고 가정합니다. 한 페이지에 100자 $a_1, a_2, ..., a_{100}$이 적혀 있다고 하겠습니다. 이를 정리하여

$$[a_1, a_2, \cdots, a_{100}]$$

이라고 쓰고, **"복합 문자"**라고 부르기로 합니다. 이러한 복합 문자의 총 개수는 기껏해야 유한합니다. 따라서 각각의 복호 문자를 하나의 문자로 처리할 수 있습니다.

또한, 해당 복합 문자는 「i번째 문자 a_i는 b인가?」라고 묻거나 「i번째 문자 a_i를 b로 바꾸어 써라」라고 명령할 수 있습니다.

Chapter 1에서 설명한 튜링 기계(즉, 본래의 튜링 기계)에서는 양쪽 테이프가 모두 무한했습니다. 이 장에서 설명한 튜링 기계의 테이프는 한쪽으로만 무한합니다. 그러므로 양쪽이 무한한 테이프를 한쪽만 무한한 테이프로 모방하는 방법에 대해서 설명하겠습니다. 현재 양쪽이 무한한 테이프의 내용이 아래의 그림과 같다고 하겠습니다.

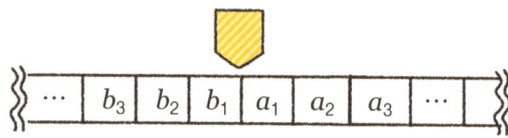

이것을 한쪽이 무한한 테이프로 모방하려면 중간에 반을 잘라서 한쪽만 무한한 테이프로 나타내면 됩니다. 즉, 1개의 테이프를 상하 2개의 트랙으로 나누고, 상단의 트랙은 양쪽이 무한한 테이프의 오른쪽 절반을, 하단의 트랙은 왼쪽 절반을 나타냅니다.

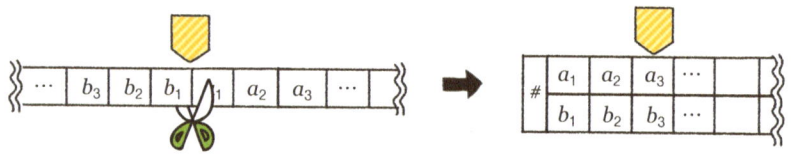

그림의 왼쪽 끝 칸에는 항상 왼쪽임을 나타내는 기호 #이 적혀 있습니다. 첫 번째 칸에는 복합 문자 [a_1, b_1]이, 두 번째 칸에는 [a_2, b_2]가 적혀 있고, 이후에는 동일하게 계속됩니다. 상단의 트랙을 읽어서 왼쪽 끝의 #에 도달하면 다음은 하단의 트랙으로 이동합니다. 하단의 트랙을 읽어서 #을 읽었을 때는 상단으로 이동합니다. 이렇게 하면 양쪽이 무한한 테이프는 한쪽만 무한한 테이프를 모방할 수 있습니다.

11-3 다(多) 테이프·튜링 기계

지금까지 설명한 하나의 테이프를 가진 본래의 튜링 기계를 **단일 테이프·튜링 기계**라고 합니다. 계산이 가능한지 가능하지 않는지 등의 논의에서는 이런 모델로 충분하지만 계산의 효율성 보다 복잡해지면 이러한 모델로는 불충분하기 때문에 현재는 여러 테이프를 가진 **다(多) 테이프·튜링 기계**가 자주 이용됩니다. 다음은 다 테이프·튜링 기계를 *while* 프로그램에서 어떻게 나타내는지를 설명하겠습니다.

k 책의 테이프를 가진 다 테이프·튜링 기계를 생각합니다. k 책의 테이프를 배열 $A_1, A_2, ..., A_k$로 나타내고, 각각의 테이프 헤드를 변수 $head_1, head_2, ..., head_k$로 나타냅니다. *while* 프로그램에서 기본 명령 문장은 x_i++과 x_i--의 2가지 종류뿐이고, 기본 판정 문장은 x_i = 0?의 1가지 종류뿐이었습니다. 다 테이프·튜링 기계의 기본 실행 문장은 다음에서 (1), (2), (3)의 3가지 종류뿐이고, 기본 판정 문장은 (4)의 1가지 종류뿐입니다.

(1) $head_i$ ++   테이프 A_i의 헤드를 오른쪽으로 1칸 이동시킨다.
(2) $head_i$ --   테이프 A_i의 헤드를 왼쪽으로 1칸 이동시킨다.
(3) $A[head] \leftarrow$ 'a'   테이프 A_i의 현재 칸에 문자 a를 쓴다.
(4) $A[head]$ = 'a'   테이프 A_i의 현재 칸에 써진 문자가 a인가?

이러한 기본 실행 문장과 기본 판정 문장을 사용한 *while* 프로그램에서 임의의 다 테이프·튜링 기계가 표현될 수 있는 것입니다. 입출력과 계산에 대해서 조금 보충해 두겠습니다. 테이프 A_1을 **입력 테이프**라고 부르고, 다른 테이프를 **보조 테이프**라고 하겠습니다.

계산을 시작할 때는 입력 테이프 왼쪽 끝 칸부터 순서대로 입력 문자열이 쓰여지고, 다른 칸에는 공백 b이 쓰여지면서 계산이 시작됩니다. 출력에 관해서는 적절하게 정해져 있습니다.

11-4 푸시다운·오토마톤(푸시다운·기계)

프로그래밍에서 자주 사용되는 기법으로 **푸시다운·스택**이라는 것이 있습니다. 이것은 물건을 저장하는 방법 중 하나입니다. 여러분은 카페테리아 등에서 접시를 쌓아놓은 받침대를 본 적이 있을 것입니다. 이 받침대 바닥에는 스프링이 달려 있어서 맨 위의 접시를 빼면 다음 접시가 맨 위로 올라옵니다. 접시를 1장 쌓으면 그 접시가 상단에 와서 이전에 있던 접시는 아래로 내려가게 됩니다. 이러한 구조를 푸시다운·스택이라고 합니다. 이후에는 푸시다운·스택을 단순히 **스택**이라고 부르겠습니다.

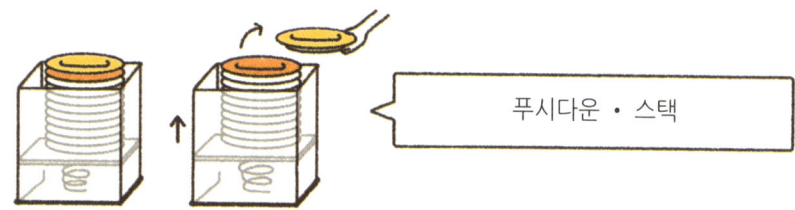

다 테이프·튜링 기계의 테이프를 대신해 스택을 사용한 기계를 **푸시다운·오토마톤** 또는 **푸시다운·기계**라고 합니다. 푸시다운·기계에서는 다음 (1), (2)의 기본 실행 문장과 (3)의 기본 판정 문장을 사용합니다. 그 이외의 것은 사용해서는 안됩니다.

(1) push(A, 'a')   스택 A에 문자 a를 쌓는다.
(2) pop(A)   스택 A의 첫 문자를 스택에서 제거한다.
(3) top(A, 'a')   스택 A의 첫 문자는 a인가?

pop(A)에서 A가 비어 있을 때는 아무것도 하지 않습니다. 또한, top(A, 'a')에서 A가 빈 경우 "거짓"이 돌아옵니다. 스택 A는 배열을 사용하면 간단하게 실현할 수 있습니다. 단, A의 헤드를 나타내는 변수는 head 표에 나타나지 않습니다. 이것은 head가 스택의 헤드 이외의 것을 사용하는 것을 금지하는 것입니다.

푸시다운•기계는 다 테이프•튜링 기계에 비해 다음과 같은 점이 명확합니다. 튜링 기계의 테이프는 한쪽이 무한한 테이프라고 해도 테이프는 무한히 계속되지만 스택은 항상 유한합니다. 테이프의 경우 무한을 처리하기 위해서 공백 기호라는 여분의 개념을 필요로 합니다. 또한, 푸시다운•기계의 경우 위에서 설명한 (1)에서 (3)의 명령은 문자열의 연산이며, 테이프나 헤드라는 개념은 필요하지 않습니다.

다 테이프•튜링 기계가 푸시다운•기계로 모방할 수 있음을 설명하겠습니다. A를 한쪽만 무한한 테이프라고 하겠습니다. A를 2개의 스택 A'와 A"로 모방합니다. 테이프 A를 현재 헤드가 읽고 있는 칸의 오른쪽에서 절단합니다. A의 왼쪽 부분을 A', 오른쪽 부분을 A"라고 하겠습니다. 단, A"의 오른쪽에는 어떤 칸에서 무한하게 ♭이 계속되지만 이 무한하게 이어지는 ♭는 제거합니다. A'는 왼쪽 끝이 바닥이고, 오른쪽 끝의 칸이 윗부분입니다. A"는 오른쪽 끝이 바닥이고, 왼쪽 끝이 칸의 윗부분입니다.

A'의 첫 글자를 a, A"의 첫 글자를 b라고 합니다. 튜링 기계의 테이프 A에서 헤드를 오른쪽으로 옮기는 동작은 A"의 첫 글자 b를 스택에서 빼고, 그것을 A'에 쌓는 것으로 실현될 수 있습니다.

A의 헤드를 왼쪽으로 옮기려면 A의 첫 번째 문자 a를 스택에서 빼고, A'를 쌓습니다. 두 경우 모두 스택이 비어 있으면 공백 기호 b을 쌓습니다. A의 헤드는 A'의 헤드에 대응하기 때문에 다른 동작의 모방은 용이합니다.

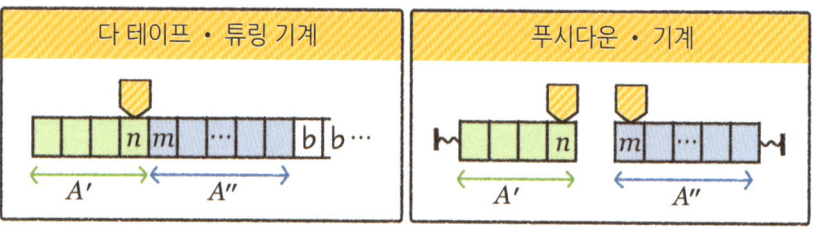

11-5 계산기 모델과 현재의 컴퓨터

이 책에서는 계산기 모델에도 여러 가지가 있다는 것을 소개했습니다. 여기에서 설명한 것은 극히 일부로 원시적인 것뿐입니다. 따라서 하나의 모델을 다른 모델로 모방하는 것은 매우 간단합니다. 그럼, 미래에는 현재의 컴퓨터를 뛰어넘는 능력을 가진 "기계"가 나타날까요? 현재의 수학자들은 아무도 그런 기계가 존재할 것이라고 생각하지 않지만 「없다」라고 단언할 수는 없습니다.

만약 독자 여러분의 누군가가 향후 그러한 "기계"을 설계하려고 한다면 우선 현재 **컴퓨터의 언어를 사용하여 그 "기계"를 모방(시뮬레이션)하는 프로그램을 사용할 것을 권장**합니다. 이렇게 모방하는 프로그램을 쓸 수 있다면 그 프로그램은 *while* 프로그램으로 변환되고, 그 "기계"는 계수 기계로 모방될 것입니다.

이 장에서 설명한 계산기 모델은 단순한 장난감 같은 것으로 여러분 중에는 허무하게 느껴지는 사람도 있을지 모릅니다. 튜링이 튜링 기계를 고안한 것은 이미 100년 전의 일로 그때는 컴퓨터가 아직 출현하지도 않았고, 텔레비전 방송조차 없던 시절입니다. 그런 시대에 생긴 컴퓨터 이론이 이제는 진부하다고 생각되시나요? 그런데 신기하게도 이러한 이론은 조금도 진부하지 않았다는 것입니다. 물론, 튜링 이후 지금까지 수많은 계산 모델이 고안되었기에 그 중 하나를 소개하겠습니다.

폰・노이만이 고안한 것으로 **자기 증식 기계**라는 것이 있습니다. 이는 SF 영화에 자주 등장합니다. 예를 들어 로켓을 이용하여 어떤 별에 자기 증식 기계를 운반합니다. 해당 기계가 별에 도착하면 기계는 그 별의 자원을 이용하여 자신의 아이를 낳습니다. 그러면 그 아이가 또 아이를 낳고, 별은 머지않아 자기 증식 기계로 뒤덮입니다. 노이만은 이론가이기 때문에 이러한 자기 증식 기계의 수학적 모델을 고안했는데 그것이 **셀・오토마톤(세포 오토마톤)**이라는 것입니다.

셀・오토마톤은 무한한 칸을 가진 장기판이라고 생각하면 됩니다. 각 칸은 "세포"라고 불리면서 몇 가지의 "상태"를 취합니다. 각 세포 주변에는 8개의 세포가 있습니다. 세포는 동기화되어 일제히 상태가 변합니다.

셀・오토마톤에서 가장 간단한 것은 라이프・게임이라는 게임입니다. 라이프・게임은 인터넷에서 구할 수 있고, 간단하기 때문에 컴퓨터를 잘하는 사람은 스스로 만들 수도 있습니다. 라이프・게임에서 각 세포가 가지고 있는 상태는 "살아있다" 그리고 "죽었다"의 2가지뿐입니다. 살아있는 세포는 주변에 살아있는 세포가 2개 또는 3개일 경우는 계속 살아있지만 그렇지 않으면 죽어버립니다.

또한, 죽은 세포는 주위에 살아있는 세포가 3개일 때 다시 살아납니다. 이런 간단한 게임이지만 「라이프・게임」은 튜링 기계와 동일한 능력을 가지고 있습니다. 또한, 폰・노이만이 고안한 「자기 증식 기계」가 라이프・게임에서 실현될 수도 있습니다. 다시 말하면 살아있는 세포의 패턴을 만들면 그 세포가 변하여 자신과 같은 패턴의 복제품을 만들어냅니다. 셀・오토마톤은 수학적 모델이었지만 실제로 살아있는 세포를 이용하여 계산하는 연구가 이루어지고 있습니다. 그것을 「DNA 계산」이라고 합니다.

Chapter 12 실수와 문제의 클래스

지금까지는 계산할 수 있는 문제와 계산할 수 없는 문제에 대해서 살펴보았지만 이번 장에서는 계산할 수 없는 문제를 뛰어넘는 세계에서 논의를 진행하겠습니다. Chapter 9에서 문제는 자연수의 집합이라고 했지만 문제의 「클래스」에 대해서도 생각해 보겠습니다. 여기에서는 「계산할 수 없는 문제」의 세계(즉, 문제의 클래스)가 어떤 구조를 가지고 있는지를 확인해 보겠습니다.

12-1 자연수와 실수

지금까지 자연수를 다루고 있었지만 여기에서는 "실수"에 대해서 생각해 보겠습니다. 자연수와 실수에 대해서는 **숫자가 셀 수 없을 정도로 많은지 셀 수 있는 정도인지**에 초점을 맞추도록 하겠습니다. 자연수와 실수의 결정적인 차이는 여기에 있습니다.

그럼 구체적으로 실수 전체로 이루어진 집합 R과 자연수 전체로 이루어진 N을 비교해 보겠습니다. R도 N도 무한개의 원소를 가집니다. 무한개의 원소를 넣는 용기는 실제로 있을 수 없지만 "집합"이라는 개념을 도입함으로써 무한개의 집합을 한 곳에 모아서 다룰 수는 있습니다. 고대 그리스인도 자연수가 무한하게 존재한다는 것을 알고 있었지만 자연수 전체를 집합 N으로 일괄적으로 다룬 적은 없었습니다. 이렇게 하나로 묶어 다룰 수 있게 되면서 인간의 인식 능력과 사물을 생각하는 관점은 확 바뀌었습니다. R과 N은 모두 요소의 개수가 무한개의 무한 집합이지만 둘 사이에는 **원소 개수에 차이가 있음**을 칸토어가 깨달았습니다. 무한개의 원소를 가진 집합이지만 개수에 차이가 있다는 것은 직관적으로 이해하기 어려울 것입니다.

칸토어는 "개수"라는 개념을 무한 집합까지 확장했습니다. 집합 R도 집합 N도 모두 무한 집합이므로 원소를 하나씩 센다면 영원히 세어야 합니다.

무한 집합의 개수를 고려할 때 실제로 세는 것이 아니라 "요소를 일렬로 세우는 방법"으로 생각할 수 있습니다. 그러면 N은 해당 요소를 일렬로 나란히 세울 수 있는 반면, R은 해당 요소를 일렬로 세울 수 없습니다.

보다 일반적으로 집합 A를 생각해 보겠습니다. A는 비어 있지 않은 집합이라고 하겠습니다. 즉, 원소가 하나 이상은 존재합니다.

정의 열거란 Def-007

A의 원소를 모두 $a_0, a_1, a_2, …$ 이렇게 일렬로 세우는 것을 A를 "열거한다"라고 한다.

"일일이 셀 수 있을까 없을까"라고 생각하는 것은 그 집합이 가산인지 비가산인지라는 개수의 이야기로 전개됩니다.

자연수 전체로 구성된 N → **가산** (셀 수 있다)
실수 전체로 이루어진 집합 R → **비가산** (셀 수 없을 정도로 많다)

| 자연수는 셀 수 있다. | 실수는 셀 수 없다. |
| 자연수는 가산 | 실수는 비가산 |

"가산"이라는 개념은 자연수와 실수를 구분하기 위해 도입된 개념입니다. "가산"의 문자 의미는 "셀 수 있다"이고, 직관적으로는 "자연수는 셀 수 있지만 실수는 셀 수 없을 정도로 많다"라고 기억해 둡시다. 다음의 논의에서는 공집합을 제외합니다.

우선은 가산 집합의 정의부터 알아보겠습니다.

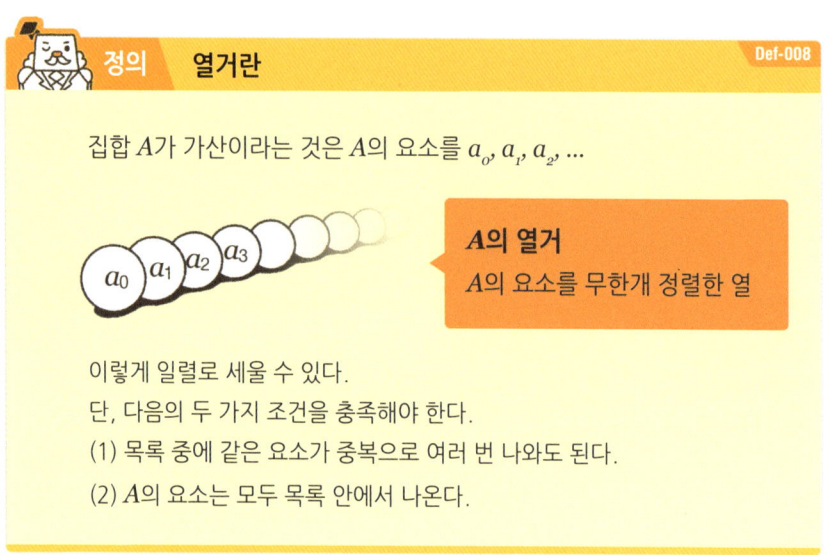

정의   열거란   Def-008

집합 A가 가산이라는 것은 A의 요소를 $a_0, a_1, a_2, \ldots$

A의 열거
A의 요소를 무한개 정렬한 열

이렇게 일렬로 세울 수 있다.
단, 다음의 두 가지 조건을 충족해야 한다.
(1) 목록 중에 같은 요소가 중복으로 여러 번 나와도 된다.
(2) A의 요소는 모두 목록 안에서 나온다.

이 두 가지 조건을 충족하는 A의 요소를 무한개 정렬한 열 $a_0, a_1, a_2, \ldots$를 A의 **열거**라고 합니다. (1)에서 "같은 요소가 여러 번 나와도 된다"라고 한 것은 유한 집합을 가산이라고 정의하고 싶기 때문입니다. 예를 들어 유한 집합 {3, 5, 8}은 3, 5, 8 뒤에 8을 무한개 더해서

$$3, 5, 8, 8, 8, \cdots$$

이라고 열거할 수 있습니다. 공집합을 제외하고 있다는 점에 유의합니다. 공집합은 요소를 가지지 않기 때문에 열거할 수는 없지만 **공집합은 가산**이라고 정의합니다. 한 번 더 가산의 정의를 복습하겠습니다.

정의 | 가산이란   Def-009

집합 A가 가산 $\Leftrightarrow$ A는 열거한다.

가산이 아닌 것을 **비가산**이라고 합니다.

12-2 실수와 대각선 논법

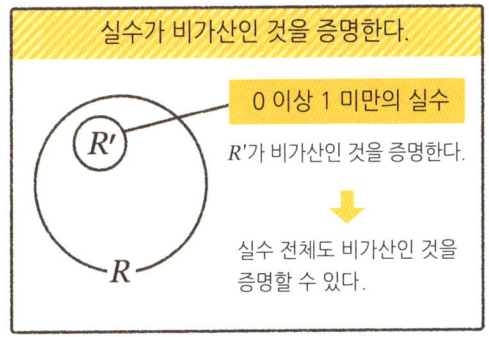

이어서 실수가 비가산인 것을 증명합니다. 실수 전체가 비가산인 것을 증명하려면 0 이상 1미만의 실수가 비가산인 것을 이해하면 됩니다. 0 이상 1미만의 실수만 꺼내어 그 범위 안에서 무수한 실수가 있다는 것을 알게 되면 실수 전체를 셀 수 없다고 할 수 있습니다.

실수 전체로 이루어진 집합을 R로 나타냅니다. 또한, 0 이상 1 미만의 실수 전체로 이루어진 집합을 R'로 나타냅니다. 식으로 쓰면

$$R' = \{\, x \mid 0 \leqq x < 1 \,\}$$

이 됩니다.

R'이 비가산인 것을 증명합니다**(칸토어의 대각선 논법)**.

0 이상 1 미만의 실수는 무한 소수를 사용하여

$$0.x_0 x_1 x_2 \cdots$$

라고 표현할 수 있습니다. 여기에서 x_0, x_1, x_2, ...는 0에서 9까지의 숫자입니다. R'을 가산이라고 가정하고 모순을 이끌어 냅니다. 이러한 증명 방법을 **배리법(귀류법)**이라고 합니다.

R'을 가산이라고 가정하면 R'은

$$a_0, a_1, a_2, \cdots$$

인 일렬로 정렬할 수 있습니다. 각 a_i는 무한 소수인데

$$a_i = 0.a_{i0} a_{i1} a_{i2} \cdots$$

로 표기됩니다. 각 a_{ij}는 {0, 1, ..., 9}의 요소입니다. 이것을 다음과 같이 세로로 나란히 정렬해 보겠습니다.

$$a_0 = 0.a_{00} a_{01} a_{02} a_{03} \cdots$$
$$a_1 = 0.a_{10} a_{11} a_{12} a_{13} \cdots$$
$$a_2 = 0.a_{20} a_{21} a_{22} a_{23} \cdots$$
$$\cdots$$

이때, 대각선에 나타나는 숫자 열 a_{00}, a_{11}, a_{22}, ...을 사용하여 무한 소수

$$b = 0.b_0 b_1 b_2 \cdots$$

를 다음과 같이 지정합니다. 각 i = 0, 1, 2, ...에 대하여

$$b_i = 0 \quad a_{ii} \neq 0 \text{ 일 때}$$
$$b_i = 1 \quad a_{ii} = 0 \text{ 일 때}$$

a_0	=	0.	a_{00}	a_{01}	a_{02}	a_{03}	...
a_1	=	0.	a_{10}	a_{11}	a_{12}	a_{13}	...
a_2	=	0.	a_{20}	a_{21}	a_{22}	a_{23}	...
⋮							
a_i	=	0.	a_{i0}	a_{i1}	...	a_{ii}	...
⋮							

b를 다음과 같이 지정한다.
▼
a_{ii}가 0일 경우는 b_i를 1
a_{ii}가 0 이외일 경우는 b_i를 0
▼
$b=0.b_0b_1b_2...$

R'을 가산이라고 가정한 경우 R'의 원소는 일렬로 정렬됩니다. 즉, 0 이상 1 미만의 실수인 b는 R'의 열거 a_0, a_1, a_2, ...에 나타납니다. 그러나 b는 열거 a_0, a_1, a_2, ... 안에 나타나지 않습니다. 이와 같은 방법으로 설정한 무한 소수 b는 어떤 a_i와도 대각선상에서 서로 다르기 때문입니다.

b가 해당 목록에 나타나지 않는다고 하면 처음에 가정한 「R'은 가산이다」와 모순됩니다. 참고로 구체적인 예를 하나 들어보겠습니다. a_0, a_1, a_2, ...이 아래와 같은 경우 b는 다음과 같이 정해져 있습니다.

a_0	=	0.	3	1	0	5	7	...	a_{00}=3
a_1	=	0.	0	1	5	9	3	...	a_{11}=1
a_2	=	0.	9	8	0	2	5	...	a_{22}=0
⋮									
a_i	=	0.	a_{i0}	a_{i1}	...	a_{ii}	...		a_{ii}
⋮									

a_{ii}가 0 일 경우는 b_i를 1
a_{ii}가 0 이외일 경우는 b_i를 0
▼
$b=0.001\cdots$

이와 같이 결정한 b는 열거 a_0, a_1, a_2 ... 안에 나타나지 않습니다. 「R'이 비가산이다」의 증명은 이것으로 충분하지만 만약을 위해 또 다른 증명 내용을 소개하겠습니다.

앞의 증명에서 무한 소수

$$0.x_0x_1x_2\cdots$$

를 생각해 보겠습니다. 각 x_i는 0에서 9까지의 숫자였지만 이를 더욱 제한하여 숫자 0과 1만 나타난다고 하겠습니다. 이러한 무한 소수 전체로 이루어진 집합을 R"라고 합니다. R"은 R'의 부분 집합이므로 R"이 비가산이라는 것만 증명하면 됩니다.

R"을 가산이라고 가정하면 R"은 a_0, a_1, a_2, …라고 열거할 수 있습니다. 무한 소수에서 숫자는 0과 1밖에 나오지 않습니다. 0은 오셀로 게임의 "흰색" 돌, 1은 오셀로 게임의 "검은색" 돌이라고 생각할 경우 이러한 열은 다음의 그림과 같이 오셀로 게임의 돌이 아래쪽과 오른쪽에 무한하게 깔린 오셀로 게임판이라고 볼 수 있습니다 (소수의 첫 번째 부분 0.은 제외됩니다).

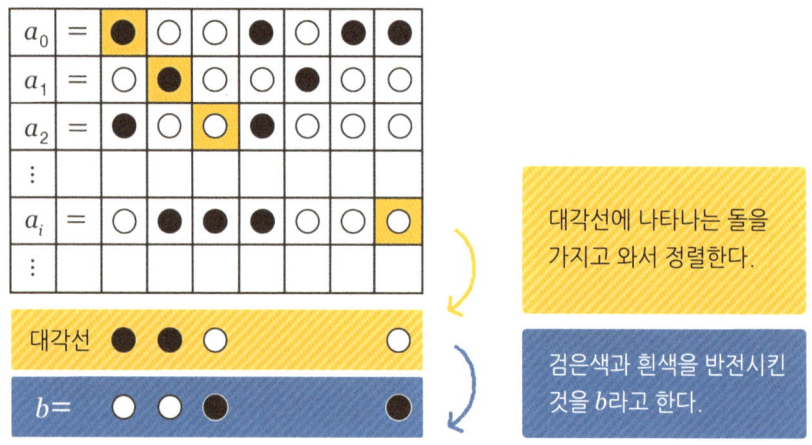

해당 그림에서 표시된 열 b는 위의 a_0, a_1, a_2, … 안에는 나올 수 없습니다. a_0은 첫 번째 돌이 다르고, a_1은 두 번째 돌이 다릅니다.

이하 동일하게 대각선상의 돌이 다릅니다. 이것은 a_0, a_1, a_2, ...가 R''의 열거임에 모순됩니다.

앞에서 「R'가 비가산이다」라는 것이 증명되었습니다. 「R'이 비가산이면 그것을 포함하는 실수 전체로 이루어진 집합 R도 비가산」이라는 것을 앞에서 설명했지만 좀더 형식적으로 증명하면 다음과 같이 됩니다. 증명은 여기에서도 배리법(귀류법)을 사용합니다. 처음의 목적은 「R이 비가산이다」이었기 때문에 그것의 부정, 즉 「R이 가산이다」라고 가정합니다. R을 가산이라고 가정하면 R은 원소를 정렬할 수 있고 a_0, a_1, a_2 ...라고 열거할 수 있습니다. 이 중에서 R'의 원소를 꺼낸 것이 R'에 열거가 되면서 「R'도 가산이다」라고 할 수 있습니다. 그러면 먼저 입증했던 「R'가 비가산이다」라는 것에 모순되어 버립니다. 그로 인해 배리법(귀류법)의 가정 「R은 가산이다」가 부정이 됩니다.

집합 A가 가산이라는 것은 A의 요소를 일렬로 나란히 세울 수 있다는 것이라고 말했습니다. 그러나 "나란히 세울 수 있다"라는 것은 "원리적으로 할 수 있다"라는 것이지 "실제로 할 수 있다"는 것을 의미하지는 않습니다. 다음에 그것을 증명합니다. 우리는 지금까지 "실제로 할 수 있다 = *while* 프로그램으로 할 수 있다"는 입장에서 논의해 왔습니다. *while* 프로그램에 "열거한다"라는 능력을 가지게 하기 위해서 면밀하고 형식적인 설명보다는 직관적으로 알기 쉽게 *while* 프로그램에 다음의 명령을 덧붙이기로 합니다.

$$print(x)$$

여기에서 x는 변수 이름이고, 이 명령은 변수 x의 내용을 테이프에 인쇄하는 것을 의미합니다.

이하에서 집합은 「자연수의 집합」에 한정합니다. N을 자연수 전체로 이루어진 집합이라고 합니다. N은 0, 1, 2, ...로 열거할 수 있기 때문에 집합입니다. 따라서 N의 부분 집합은 모두 가산입니다.

집합 A를 열거할 수 있는 실질적인 방법이 존재할 때 A를 **귀납적 가산**이라고 합니다. 실질적인 방법이란 ***while*** 프로그램을 의미하므로 귀납적 가산의 형식적인 정의는 다음과 같습니다.

| 정의 | 귀납적 가산 | Def-010 |

집합 A가 귀납적 가산 ⇔ A를 열거하는 ***while*** 프로그램이 존재한다.

12-3 계산과 수리

집합 A가 계산이 가능하다는 것은 A를 계산하는 ***while*** 프로그램이 존재하는 것입니다. ***while*** 프로그램이 A를 계산한다는 것은 주어진 입력 x에 대해 만약, x가 A의 요소라면 yes라고 대답하고, A의 요소가 아니라면 no라고 대답하는 것입니다.

no라고 대답한 부분의 조건을 조정해 보겠습니다. 「no라고 대답하는」 부분을 무한 루프에서 다시 사용해 보겠습니다.

그러면 yes라고 대답한 후 정지하거나 정지하지 않거나 둘 중 하나입니다.

형식적으로는 다음과 같이 정의합니다. ***while*** 프로그램 P가 집합 A를 **수리한다**는 것은 「주어진 입력 x에 대하여 x가 A의 원소이면 멈추고, x가 A의 원소가 아니면 멈추지 않는다」라는 것입니다.

그러면 다음의 정리가 성립합니다.

정리 A 귀납적 가산과 수리 — Thm-002

집합 A가 귀납적 가산 ⇔ A를 수리하는 ***while*** 프로그램이 존재한다.

정리 A를 증명합니다. A를 귀납적 가산이라고 하면 정의에 의하여 A를 열거하는 기계 P_1이 존재합니다. 이 P_1을 사용하여 주어진 입력 x가 A의 원소인지 아닌지를 판단하는 기계 P_2를 구성할 수 있으면 됩니다. 입력 x가 주어지면 기계 P_2는 기계 P_1을 작동시킵니다. 그러면 P_1은 순차적으로 A의 원소를 열거하기 시작합니다. x는 언젠가 목록에 나타납니다. 만약, x가 해당 목록에 나타나면 P_2는 yes라고 대납하고 징지합니다. 만약, x가 A의 원소가 아니라면 영원히 작동됩니다(정지하지 않습니다). 이러한 P_2를 ***while*** 프로그램으로 쓰면 다음과 같이 됩니다. 이렇게 구성된 프로그램 P_2는 A를 수리합니다.

> **procedure** $z \leftarrow P_2(x)$:
>   **begin** $z \leftarrow 1$; $u \leftarrow P_1$이 처음으로 써내는 숫자 ;
>   **while** $x \neq u$ **do** $u \leftarrow P_1$이 다음으로 써내는 숫자 ;
> **end**

반대로 증명해 보겠습니다. A를 수리하는 기계 P_3이 주어졌다고 합니다. 이 기계 P_3을 사용하여 다음과 같이 열거하는 기계 P_4를 만듭니다. P_4는 x = 0, 1, 2, ...에 대하여 다음과 같이 실행합니다.

> **if** P_3은 입력 x에서 정지 **then** **print**(x)

이것을 **while** 프로그램으로 다음과 같이 나타냅니다.

> **begin** $x \leftarrow 0$;
>   **while** $1 = 1$ **do**
>   **begin if** P_3은 입력 x에서 정지한다.
>   **then** **print**(x);
> $x++$
>   **end**
> **end**

해당 프로그램의 1=1은 항상 참이기 때문에 무한히 반복됩니다.

해당 프로그램은 제대로 작동되지 않습니다. "P_3은 입력 x에서 정지한다"는 부분으로 정지하지 않을 경우 무한 루프가 되기 때문입니다. 따라서 이러한 P_4는 포기하고, 다음과 같이 개량한 P_5를 만듭니다. P_5는 중단 시간 i를 설정합니다. 그리고 각 x에 대해 P_3을 i단계만큼 이동시킵니다. i는 어느 지점에서 시작해도 되므로 0부터 시작하고, 각 i에 대해 x를 0부터 i까지 이동시킵니다. 각 x에 대해 P_3을 i단계만큼 움직여서 계산하는 중이라면 강제로 계산을 중단시키기 때문에 도중에 무한 루프가 될 수 없습니다. 이것을 **while** 프로그램으로 나타내면 다음과 같습니다.

```
begin i ← 0;
    while 1 = 1 do
    begin x ← 0;
        while x ≤ i do
            begin
                if P₃은 x에서 i단계 이내에 정지한다.
                    then print(x);
                x++
            end;
        i++
    end
end
```

해당 프로그램은 *while* 루프를 2개 가지고 있는데 바깥쪽 루프는 무한 루프입니다. 이번의 경우 *if* 문장은 반드시 정지합니다. 따라서 안쪽 *while* 문장에서 x는 0에서 i까지 증가시키는데 이것도 결국은 정지합니다. 따라서 i는 계속 증가합니다. 해당 P_5가 써내는 숫자 x를 P_3에 입력했을 때 P_3은 정지하는 입력만 있기 때문에 A의 요소에 한합니다. 반대로 x를 A의 임의의 요소라고 하면 P_3은 입력 x에서 정지합니다. i는 얼마든지 증가하기 때문에 언젠가는 *if* 문장의 조건이 충족되고, x는 P_5에 기록됩니다. 즉, P_5는 A를 열거합니다.

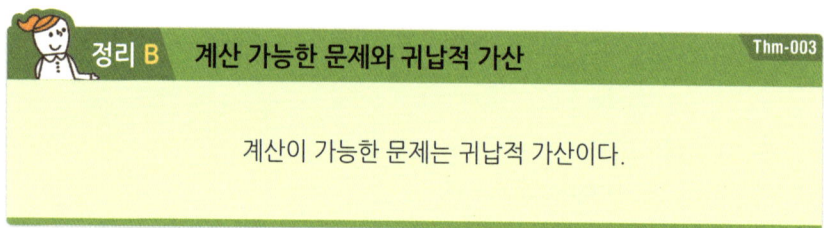

정리 B의 증명은 다음의 그림에서 명확히 알 수 있습니다.

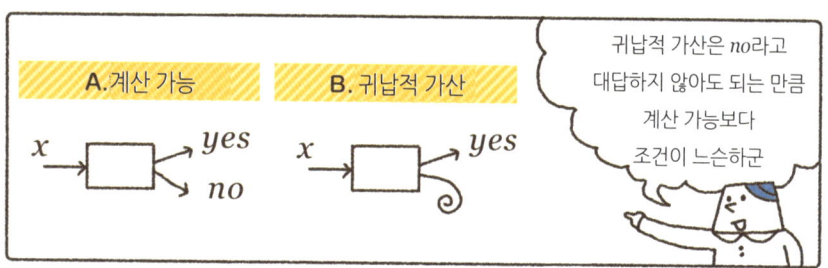

12-4 부정에 대해서

정리, 증명, 정리, 증명...으로 반복되지만 이러한 과정을 거쳐야 합니다. 수학에서는 가끔 이런 난관이 있습니다.

정리 A에서 정리 C까지는 어렵고, 정리 D는 가장 높은 정상입니다. 정상에 도착하면 경치를 감상할 수 있으므로 조금만 노력해 봅시다.

우리는 어떤 명제의 부정을 자주 다루었습니다. 예를 들어 「x는 남성이다」의 부정은 「x는 남성이 아니다」가 되지만 이 경우 「전체 집합은 무엇인가」를 명확하게 해 둘 필요가 있습니다. 전체 집합은 다루고 있는 대상 전체로 이루어진 집합입니다. 「x는 남성이다」라고 할 경우 일반적으로 전체 집합은 인간 전체가 되고, 그 부정은 「x는 여성이다」가 되지만 전체 집합을 동물 전체로 가정한 경우 「x는 남성이다」의 부정은 「x는 인간 이외의 동물이거나 x는 (인간) 여성이다」가 됩니다. 이하 N을 전체 집합이라고 합니다. A를 문제, 즉 N의 부분 집합이라고 합니다. A에 속하지 않는 자연수 전체를 A^c로 나타내고, 이는 A의 ==여집합== 또는 ==보조 문제==라고 합니다.

정리 C 계산 가능성과 여집합

Thm-004

M은 A를 계산하는 기계(프로그램)라고 하겠습니다. M이 yes라고 대답하는 부분을 no라고 대답하도록 하고, no라고 대답하는 부분을 yes라고 대답하도록 변경한 기계를 M'라고 합니다. M'는 A^c를 계산합니다.

위의 정리가 나타내는 것처럼 계산 가능성에 관해서 문제와 보조 문제는 대칭적입니다. 그러나 귀납적 가산에 대해서는 이러한 대칭성이 성립하지 않는다는 것이 나중에 나타납니다.

정리 D 계산 가능성의 필요 충분 조건 Thm-005

문제 A가 계산이 가능하기 위한 필요 충분 조건은
A와 A^c가 모두 귀납적 가산이다.

A를 계산이 가능하다고 하겠습니다. 그러면 정리 C에 의하여 A와 A^c는 모두 계산이 가능합니다. 따라서 정리 B에 의하여 A와 A^c는 모두 귀납적 가산이 됩니다.

반대로 증명해 보겠습니다. A와 A^c가 모두 귀납적 가산이라고 하겠습니다. 그러면 A를 열거하는 기계 M_1과 A^c를 열거하는 기계 M_2가 존재합니다. 이 M_1과 M_2를 사용하여 A를 계산하는 기계 M_3을 다음과 같이 구성합니다.

x를 M_3에 입력합니다. M_1과 M_2를 시작하고, 해당 기계들이 써내는 테이프에 x가 나타나는지를 지켜봅니다. M_1에서 써내는 테이프에 x가 나타나면 yes라고 대답하고, M_2에서 써내는 테이프에 x가 나타나면 no라고 대답합니다. x가 A의 원소이면 M_1은 x를 써내고, x가 A^c의 원소이면 M_2는 x를 써냅니다. 즉, 어떤 x에 대해서도 M_1 또는 M_2 중 하나가 x를 써냅니다. 따라서 M_3은 A를 계산합니다. A를 계산하는 M_3이 만들어졌으므로 A는 계산이 가능한 것으로 증명되었습니다.

정리 E 정지 문제 *HALT* Thm-006

*HALT*는 귀납적 가산이다.

10-4에서 설명한 바와 같이 정지 문제 HALT는 계산이 불가능합니다. HALT가 귀납적 가산인 것을 나타내기 위해서는 정리 A에 의해 HALT를 수리하는 ***while***

프로그램 Q를 만들면 됩니다. 우선 Q는 입력이 〈"P", x〉의 형태인지 아닌지를 확인합니다. 여기에서 P는 **while** 프로그램으로 입력이 해당 형태가 아니라면 무한 루프가 됩니다. 만약, 입력이 해당 형태라면 입력 x에서 프로그램 P를 실행합니다. P가 입력 x에서 정지할 때 또는 그때에 한하여 Q는 입력 〈"P", x〉에서 정지합니다. 따라서 Q는 HALT를 수리합니다.

실제로 HALT를 수리하는 프로그램을 작성하면 아래와 같이 됩니다.

HALT를 수리하는 프로그램 Q

procedure $z \leftarrow Q(w)$:
    begin w 가 $< "P", x >$의 형태인지를 확인하고,
        해당 형태가 아니라면 $loop$;
        $z \leftarrow WHL("P", x)$; $z \leftarrow 1$
    end

정리 F   정지 문제의 여집합   Thm-007

$HALT^c$는 가산이지만 귀납적 가산은 아니다.

$HALT^c$가 귀납적 가산이라고 가정합니다. 그러면 HALT와 $HALT^c$가 모두 귀납적 가산이 되고, 정리 D에 의하여 HALT는 계산이 가능해 집니다. 이것은 모순입니다.

$HALT^c$은 자연수의 집합이기 때문에 가산입니다. 그러나 정리 F에 의하여 귀납적 가산은 아닙니다.

즉, 원리적으로는 가능해도 실제적으로는 불가능합니다. 수학은 이렇게 "참"인줄 알고 있어도 참인 것을 나타내는 「구체적인 예를 들 수 없는 문제」가 존재합니다. 예를 들어 헥스라는 게임은 선공을 하는 쪽이 반드시 이긴다는 것을 알고 있지만 게임을 어떻게 하면 선공을 한 사람이 이기는지의 「필승 전략」은 아직까지도 찾지 못했습니다.

12-5 정리

수학의 정리라는 것은 긍정적인 것과 부정적인 것이 서로 짝이 되는 관계가 아니라는 것을 알 수 있습니다. 긍정은 대답할 수 있어도 부정의 경우는 대답할 수 없는 혹은 그 반대의 경우도 있습니다. 실제 일렬로 세우는 방법이 있다는 것과 계산 가능성의 관계도 명확해 졌습니다. 이 장에서는 「계산할 수 없는 문제」를 일관되지 않게 다양한 측면에서 분류함으로써 계산할 수 없는 것이 없는가를 추구했습니다. 감각적으로는 「한마디로 무한하다고 해도 무한에는 차이가 있을까」를 생각하는 것과 비슷합니다.

Chapter 13 계산 가능성을 넘어서

문제는 얼마나 많은 것일까요? 이 장에서는 문제가 셀 수 없을 정도로 많이 있는 것에 대해서 자세히 설명합니다. 또한, 계산할 수 없는 문제에도 「어려운 계층」이 있음을 나타냅니다. 이것은 「수학 이론 구조와 어려움」이라는 설명으로 이어집니다.

13-1 개수와 농도

튜링 이론의 근본에 있는 것은 **칸토어의 집합론**이었습니다. 대각선 논법을 처음 사용한 것도 칸토어입니다. 집합에서 가장 기본적인 것은 "개수"입니다. 여러분은 숫자를 어떻게 세나요? 손가락을 접어서 셀지도 모릅니다. 예를 들어 4만명을 수용할 수 있는 경기장에 관객이 몇 명이나 입장을 했는지 어떻게 하면 알 수 있을까요? 공석이 어느 정도인지를 보면 대충 알 수도 있습니다. 반 정도 찼다면 입장한 인원은 약 2만명 입니다. 좀더 정확히 알고 싶다면 판매된 표를 세어보면 알 수 있습니다. 이것을 「판매된 표 수와 입장한 관객수는 1 대 1로 대응한다」라고 합니다.

유한 집합의 경우는 이것으로 설명되지만 무한 집합의 경우에는 이상한 일이 발생합니다. 갈릴레오 • 갈릴레이도 이러한 사실을 발견했습니다. 갈릴레오의 저서 **「신과학 대화」**에서는 등장 인물 중 한 사람이 다음과 같이 말을 합니다. 「자연수의 대부분은 평방수(제곱수)가 아니므로 제곱수(의 개수)는 자연수(전체 개수)보다 작다」라고 말하면서 또 다른 등장 인물이 다음과 같이 1 대 1의 대응을 보여줍니다.

$$
\begin{array}{ccccccc}
1 & 2 & 3 & 4 & \cdots & n & \cdots \\
\Updownarrow & \Updownarrow & \Updownarrow & \Updownarrow & & \Updownarrow & \\
1 & 4 & 9 & 16 & \cdots & n^2 & \cdots
\end{array}
$$

그러나 갈릴레오는 이에 대해서 더 이상 추궁하지 않았습니다. 여러분은 역설도 아니고 아무것도 아니라고 생각할지 모릅니다. 그러나 중세 수학자들은 모두 **유클리드의 「원론」**에 대한 신봉자였습니다. 원론에서는 **「부분은 전체보다 작다」**라고 쓰여져 있습니다. 부분의 개수는 전체 개수와 동등하지 않다고 믿었습니다.

그러나 칸토어는 이러한 상식을 거슬러 **"같은 개수"라는 개념을 "1 대 1 대응하는 것"**이라고 정의했습니다. 무한 집합에서 "개수"라는 용어는 익숙하지 않기 때문에 "농도"라는 용어를 사용하기도 합니다. 정리하면 집합 A와 B에 대해서

"A와 B가 동일한 농도" ⇔ "A와 B는 1대 1로 대응한다."

가산 집합은 「열거가 가능한 집합」이라는 것을 기억합시다. 여기에서 가산 집합은 「유한 집합」과 「가산 무한 집합」의 두 가지로 분리할 수 있습니다. 즉, 가산 무한 집합은 「유한하지 않은 가산 집합」을 뜻합니다. A를 가산 무한 집합이라고 하겠습니다. 그러면 A는 가산이기 때문에 A의 열거

$$a_0, a_1, a_2, \cdots \quad (1)$$

가 존재합니다. 지금까지 해당 열에서는 동일한 원소가 「여러 번 나타날 수 있다」라고 했지만 여기에서 같은 원소는 「2번 이상 나타나서는 안 된다」라고 제한하겠습니다. A의 열거가 주어졌을 때 중복된 것을 지우면 해당 조건을 충족하는 열거를 얻을 수 있습니다. A를 가산 무한 집합이라고 가정했기 때문에 무한개의 원소가 남아 있습니다. (1)을 같은 원소가 중복해서 나타나지 않는 열거라고 하겠습니다. 여기에서 자연수 n에 a_n을 대응시키면 자연수 전체로 이루어진 N과 A는 1 대 1 대응이 됩니다. 즉, 다음의 상황이 나타납니다.

가산 무한 집합은 N과 같은 농도이다.

13-2 2진 소수 이야기

0과 1만으로 표현되는 소수를 **2진 소수**라고 합니다. 여기에서는 다음과 같은 형태의 2진 소수를 생각합니다.

$$0.a_0 a_1 a_2 a_3 a_4 \cdots$$

단, 각각의 a_0, a_1, a_2 …은 0 또는 1로 합니다. 이러한 2진 소수가 나타내는 수는

$$\frac{a_0}{2} + \frac{a_1}{4} + \frac{a_2}{8} + \frac{a_3}{16} + \cdots \cdots$$

입니다. 0 이상 1 미만의 임의의 실수가 $0.a_0 a_1 a_2 a_3 a_4$ …의 형태인 2진 소수로 나타낼 수 있다는 것을 설명하겠습니다.

$0 \leq x < 1$가 되는 무게 x를 저울에 잰다고 생각해 봅시다. 무게가 각각 (1/2), (1/4), (1/8), (1/16), …의 추를 준비합니다. (1/2)의 추를 올렸을 때에 x가 무거우면 추를 저울에 올려두고, 그렇지 않으면 제거합니다. (1/2)의 추 2개를 올릴 수는 없는데 이는 무게가 1을 넘어버리기 때문입니다. 다음으로 (1/4)의 추를 놓습니다. x가 무거우면 올려놓고, 그렇지 않으면 내립니다. (1/4)을 2개 올릴 수는 없는데 이는 (1/4)의 2개는 (1/2)에 해당하기 때문입니다. 현실 세계에서 저울은 어느 정도 균형이 맞습니다. 수학자는 원자의 수억 분의 1의 무게까지도 걱정할지 모릅니다. 그런 경우 이러한 작업은 무한히 반복됩니다. 이렇게 하면 도중에 저울의 균형이 맞게 되거나 또는 무한히 계속됩니다.

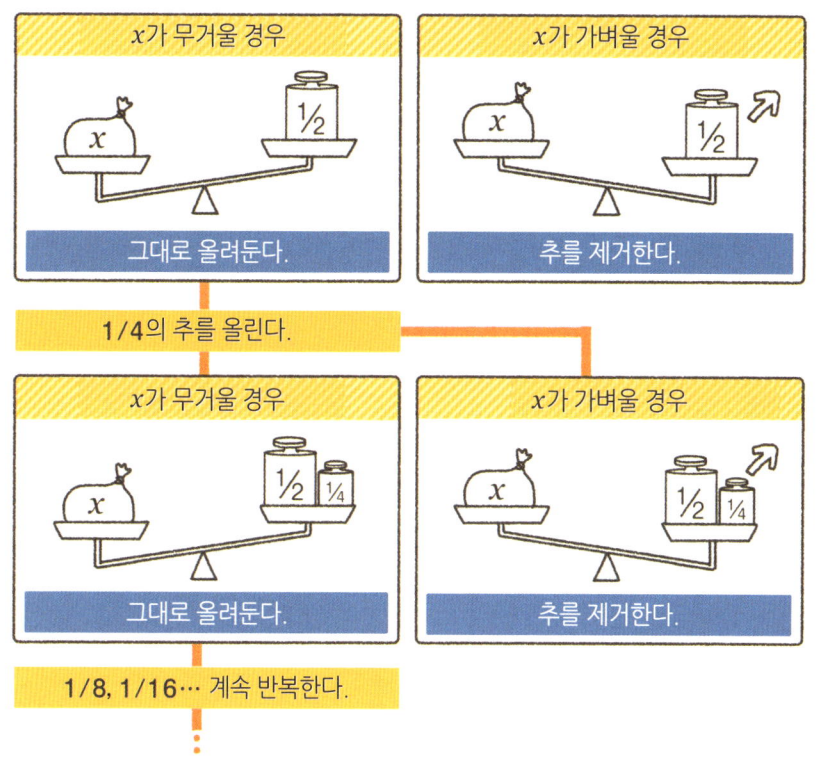

모든 무게 x는 이러한 추의 열로 나타낼 수 있습니다. 추를 올렸을 경우를 1, 올리지 않았을 경우를 0으로 표현하면 $0.a_0a_1a_2a_3a_4 \ldots$로 나타낼 수 있습니다.

이전에 N의 부분 집합을 "문제"라고 했습니다. N의 부분 집합을 모두 모아서 만든 집합을 2^N으로 나타내고, 이를 N의 **멱집합**이라고 합니다. 즉, 2^N은 **"문제 전체로 이루어진 집합"**입니다.

- ▶ N의 부분 집합을 **문제**라고 부른다.
- ▶ N의 부분 집합을 전부 모아서 만든 집합을 2^N(**N의 멱집합**)으로 나타낸다.
- ▶ 2^N은 **"문제 전체로 이루어진 집합"**이다.

그럼 2^N의 농도(문제의 개수)는 얼마일까요?

실수 전체의 농도를 **연속 농도**라고 합니다. 다음의 정리는 **문제의 개수는 실수와 동일하다는 것**을 보여줍니다.

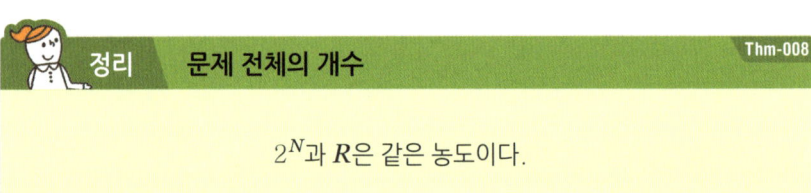

정리 　문제 전체의 개수　　　　　　　　　　　　　　Thm-008

2^N과 R은 같은 농도이다.

0 이상 1 미만의 임의의 실수는

$$(*)\ 0.x_0 x_1 x_2 \cdots, \qquad x_0, x_1, x_2, \cdots \text{ 는 0 또는 1}$$

의 형태인 2진 소수로 나타낼 수 있는 것을 알 수 있습니다. 그러나 여기에서 곤란한 문제가 하나 생겼습니다. 두 가지의 표현을 가지는 숫자가 있기 때문입니다. 예를 들어 1/2은 다음의 두 가지로 표현됩니다.

$$0.100000000\cdots \text{과 } 0.011111111\cdots$$

10진 소수로 표현하면 1/2은 0.5000… 과 0.4999… 의 두 가지 표현이 있습니다. (*) 모양의 2진 소수 전체로 이루어진 집합을 R^*라고 하겠습니다. 위의 정리는 다음의 4가지 보제를 나타냄으로써 증명됩니다.

보제 1	2^N과 R^*는 같은 농도이다.
보제 2	R^*와 실수의 집합 $\{\,x \mid 0 \leq x < 1\,\}$은 같은 농도이다.
보제 3	$\{\,x \mid 0 \leq x < 1\,\}$와 $\{\,x \mid 0 < x < 1\,\}$은 같은 농도이다.
보제 4	$\{\,x \mid 0 < x < 1\,\}$와 R은 같은 농도이다.

보제 1 2^N과 R^*는 같은 농도이다.

각각의 자연수 집합 A에 $0.x_0x_1x_2 \ldots$의 형태인 2진 소수를 대응시킵니다. 자연수 i가 A의 원소라면 x_i를 1로, 그렇지 않으면 x_i를 0으로 합니다. 예를 들어 A = {0, 3, 4}라면 0자리, 3자리, 4자리가 1의 2진 소수 0.1001100…을 분배하고, A가 짝수 전체인 A = {0, 2, 4, …}라면 A에 0.101010…을 분배합니다. 반대로

$$x = 0.x_0x_1x_2\cdots$$

로 나타내는 실수 x에 대하여 자연수 집합 $B(x)$를 다음과 같이 정의할 수 있습니다.

$$B(x) = \{\, i \mid x_i = 1 \,\}$$

이렇게 하여 2^N의 원소와 R^*의 원소 사이에는 1 대 1 대응이 됩니다.

다음의 **보제 2** 에서 **보제 4** 의 증명은 기술적인 것이므로 건너뛰어 읽어도 상관은 없습니다.

보제 2 R^*와 실수의 집합 $\{\, x \mid 0 \leq x < 1 \,\}$은 같은 농도이다.

위에서 (*) 모양의 소수는 다음의 세 집합으로 나눕니다.

$$R_0 = \{ \text{어느 지점에서 0이 무한히 계속되는 것} \}$$
$$R_1 = \{ \text{어느 지점에서 1이 무한히 계속되는 것} \}$$
$$R_\omega = \{ \text{0과 1이 모두 무한 개로 나타나는 것} \}$$

어느 지점에서 1이 무한하게 이어지는 것을 금지하면 실수의 집합 $\{x \mid 0 \leq x < 1\}$은 $R_0 \cup R\omega$의 원소로서 고유하게 표현할 수 있습니다. 여기에서 $R' = R_0 \cup R\omega$로 하겠습니다.

$$R' = \{ x \mid 0 \leq x < 1, \quad x = 0.x_0 x_1 x_2 \cdots, \quad x_i \text{ 는 0 또는 1} \}$$

구체적으로 말하면 0.0111...은 0.1000 ...으로 2가지의 표현이 있기 때문에 지금의 경우는 1이 연속되는 표현 방법을 금지합니다. $\overline{0}=1$, $\overline{1}=0$으로 정합니다. 다시 말하면 0과 1을 오셀로 게임의 돌로 볼 때 $\overline{x}$는 돌 x를 반전시킨 것입니다. R_0에서 $R_0 \cup R_1$의 함수 f를 다음과 같이 정의합니다.

$$f(0.x_0 x_1 x_2 \cdots) = 0.x_1 x_2 \cdots \qquad x_0 = 0 \text{ 일 때}$$
$$f(0.x_0 x_1 x_2 \cdots) = 0.\overline{x_1} \overline{x_2} \cdots \qquad x_0 = 1 \text{ 일 때}$$

$x = 0.x_0 x_1 x_2 \ldots$을 R_0의 임의의 원소라고 합니다. 그러면 어느 지점에서 0이 무한히 계속됩니다. 따라서 x_0을 제외한 $0.x_1 x_2 \ldots$은 R_0의 원소이며, x_0을 제외하고 각 비트를 반전시킨 $0.\overline{x_1} \overline{x_2} \ldots$는 R_1의 원소가 됩니다. 반대로 R_0의 원소 $0.x_1 x_2 \ldots$에서 원래 R_0의 원소 $0.0x_1 x_2 \ldots$가 복원되고, R_1의 원소 $0.x_1 x_2 \ldots$에서도 R_0의 원소 $0.1\overline{x_1} \overline{x_2} \ldots$을 복원할 수 있습니다. 이렇게 하여 R_0은 $R_0 \cup R_1$에 1 대 1로 대응한다

는 것을 나타냈습니다. 따라서 $R' = R_\omega \cup R_0$는 $R^* = R_\omega \cup R_0 \cup R_1$에 1대 1로 대응하고 있습니다.

보제 3 $\{ x \mid 0 \leq x < 1 \}$와 $\{ x \mid 0 < x < 1 \}$은 같은 농도이다.

두 집합은 0을 포함하는지 포함하지 않는지의 차이이지만 증명은 의외로 까다롭습니다. 그러기에 하나의 이야기로 시작해 보겠습니다. 우주가 있는 곳에 호텔이 있었습니다. 우주는 광대하기 때문에 그 호텔이 가산 무한개의 객실을 가지고 있다고 해도 놀랍지 않습니다. 어느 날 그 호텔은 만실이 되었는데 거기에 1명의 손님이 찾아왔습니다. 유한한 세계의 호텔이라면 손님은 묵을 수 없습니다. 그러나 해당 호텔은 무한개의 객실을 가지고 있습니다. 그래서 다음과 같이 방을 1실 확보할 수 있었습니다. 0호실은 1호실로, 1호실은 2호실로, n호실은 n+1호실로 일제히 옮겼습니다.

그런데 $\{x \mid 0 \leq x < 1\}$에서 $\{x \mid 0 < x < 1\}$의 함수 f를 다음과 같이 정합니다. $0 \leq x < 1$의 실수 x를 2진 무한 소수로 나타냅니다. 이러한 2진 소수 중

$$0.11\cdots1100\cdots \qquad (1)$$

의 형태인 것에 주목합니다. x가 해당 형태가 아니라면 x는 그대로 인데, 다시 말하면 f(x) = x라고 정합니다. (1) 형태에 대해서 1이 n개가 계속되는 것은 호텔의 n호실이라고 생각하고, n+1호실로 이동합니다. 즉, 0 = 0.00 …은 0.100 …으로, 0.100 …은 0.1100 …으로 이동합니다. 또한, $f(0.1^n 0 \ldots) = 0.1^{n+1} 0 \ldots$ $(n \geq 0)$으로 정합니다. 여기에서 1^n은 1을 n개 정렬시킨 열을 의미합니다. 이와 같이 정한 f는 $\{x \mid 0 \leq x < 1\}$에서 $\{x \mid 0 < x < 1\}$의 1 대 1 대응이 됩니다.

보제 4 { $x \mid 0 < x < 1$ }와 R은 같은 농도이다.

{ $x \mid 0 < x < 1$ }에서 R의 함수 f를 다음과 같이 정의합니다. 그러면 f는 1대 1대응이 됩니다.

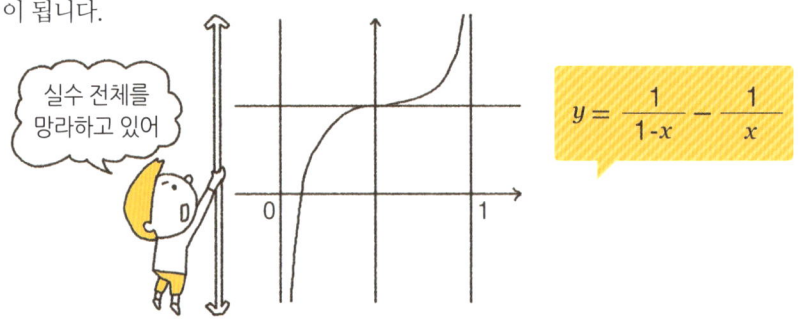

13-3 튜링이 실제로 증명한 것

튜링은 **실수의 계산 가능성**을 다음과 같이 정의했습니다.

>  **정의**   실수의 계산 가능   Def-011
>
> 실수 $0.x_0 x_1 x_2 x_3 x_4 \cdots$가 계산이 가능한 필요 충분 조건은
>
> $0.x_0 x_1 x_2 x_3 x_4 \cdots$라고 테이프에 무한히 계속 쓰는 기계가 존재하는 것

튜링 기계라고 하면 **정지 문제**라고 할 정도로 정지 문제는 세상에 알려져 있지만 사실, 튜링의 논문에 나오는 기계는 위의 정의처럼 절대로 멈추지 않는 것이었습니다. 이후부터 실수 x란 $0 \leq x < 1$이고, 2진 소수로 나타내는 것으로 합니다. 튜링이 정의한 실수의 계산 가능성은 이 책에서 다루어 온 문제(집합)의 계산 가능성과는 조금 다릅니다. 다음의 정리는 「실수의 계산 가능성」을 「집합의 계산 가능성」으로 나타낸 것입니다.

정리 실수 x가 계산 가능   Thm-009

실수 x가 계산이 가능하다는 필요 충분 조건은 문제 $B(x)$가 계산이 가능하다는 것

여기에서 B(x)는 2진 소수 x에 대하여 다음으로 정의되는 자연수의 집합입니다.

$$B(x) = \{\, i \mid x\text{의 } i \text{ 자릿수는 } 1 \,\}$$

에서 B(x)는 실수와 문제를 대응시켰을 때 정의된 집합입니다. 정리를 증명하기 전에 해당 정리 내용을 보충해 두겠습니다. 실수 x의 계산 가능한 정의에 의해 나타나는 x를 인쇄하는 기계 M_1이라고 하고, B(x)를 계산하는 기계를 M_2라고 합니다. 즉,

① x를 테이프에 계속 쓰는 기계를 M_1
② i가 주어졌을 때 i 자릿수를 출력하는 기계를 M_2

라고 합니다. 정리는 이렇게 두 가지의 정의가 동등하다는 것을 뜻합니다.

x가 계산 가능
① x를 테이프에 계속 쓰는 M_1
② i가 주어졌을 때 i 자릿수가 1인가를 판정하는 M_2

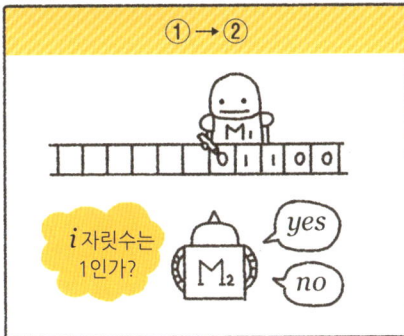

먼저, 실수 x는 계산이 가능하다고 가정합니다. 그러면 테이프에 $x=0.a_1a_2 \ldots a_i$ ...라고 계속 쓰는 기계 M_1이 존재합니다. 집합 $B(x)$를 계산하는 기계 M_2는 다음과 같이 구성할 수 있습니다. 기계 M_2는 입력 i가 주어지면 M_1을 시작하고, i번째 비트 a_i가 기록될 때까지 기다립니다. $a_i = 1$이면 yes라고 대답하고, $a_i = 0$이면 no라고 대답합니다. 따라서 $B(x)$는 계산이 가능합니다.

반대로 $B(x)$를 계산하는 기계 M_3가 존재한다고 하겠습니다. 이때, M_3를 사용하여 2진 소수 x를 계속 인쇄하는 기계 M_4를 만들 수 있습니다.

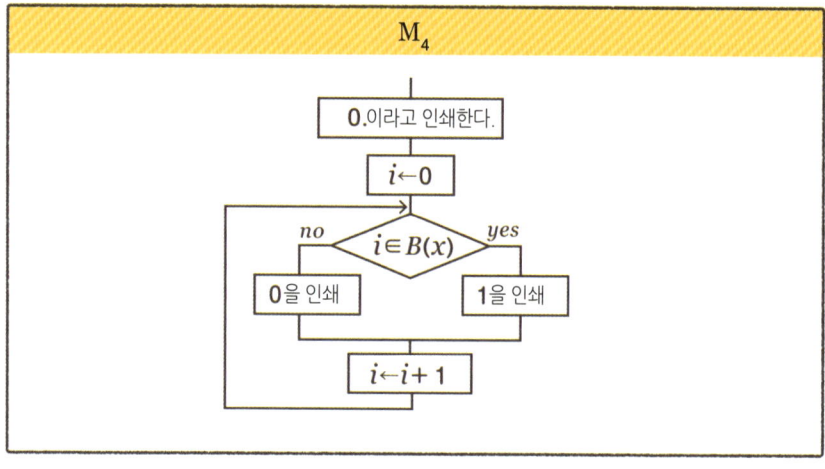

실수의 계산 가능성에 나오는 인쇄 기계는 실수의 2진 소수를 끝없이 계속 써야 합니다. 어느 자릿수에서 멈추고, 그 자릿수보다 뒷자리 수에서 아무것도 쓰지 않으면 안됩니다. 튜링은 이와 같이 2진 소수를 계속 쓰는 기계를 **정상적인 기계**라고 했습니다. **튜링이 대상으로 한 것은 0과 1만을 계속 쓰는 인쇄 기계**입니다.

튜링이 제시한 것은 다음과 같이 정리됩니다.

정리   인쇄 기계의 정상성 판단 문제   Thm-010

인쇄 기계 M이 정상인지 아닌지를 판단하는 문제는 계산이 불가능하다.

M_1과 M_2를 위 실수의 계산 가능성 부분에서 설명한 기계라고 하겠습니다. 그러면 다음이 성립합니다.

$$M_1 \text{은 정상적이다.} \Leftrightarrow M_2 \text{는 임의의 입력에서 정지한다.} \quad (1)$$

(1)을 증명하기 위해 M_1이 정상이 아니라고 하겠습니다. 그러면 어떤 k가 존재하고, M_1은 k자릿수보다 앞쪽은 인쇄하지 않습니다. M_1으로 구성된 M_2는 k보다 큰 입력 i에 대해서는 정지하지 않습니다. 반대로 M_2가 어떤 입력 k에서 멈추지 않았다고 하겠습니다. 그러면 M_2로 구성된 M_1은 k자릿수보다 앞쪽은 인쇄할 수 없습니다.

프로그램의 설계에서 「임의의 입력에 대해서 정지한다」라는 것은 매우 중요하고, "올바른 프로그램"의 조건으로 간주될 경우가 많습니다. 또한, 알고리즘의 이론서에서는 기계적으로 수행할 수 있는 명령의 열을 "절차"라고 하고, 「임의의 입력에서 정지하는 절차」를 알고리즘이라고 부릅니다. 이 책에서 설명한 것으로 말하자면 절차란 **while** 프로그램으로 "알고리즘은 임의의 입력에서 정지하는 **while** 프로그램이다"가 됩니다. 다음은 표어로 설명한 것입니다.

> 절차 = **while** 프로그램
> 알고리즘 = 임의의 입력에서 정지하는 절차

다음부터는 알고리즘이라는 용어를 이러한 의미로 사용하겠습니다. 그러면 앞에서 설명한 (1)은 다음과 같이 바꾸어 말할 수 있습니다.

> M_1은 정상적이다. ⇔ M_2는 알고리즘이다.　　(2)

또한, 앞에서 언급한 인쇄 기계의 정상성 판정 문제는 다음의 알고리즘 판정 문제와 동등한 문제가 됩니다.

> **문제   알고리즘 판정 문제 *ALG***　　problem-011
>
> **입력**　　*while* 프로그램 P
> **문제**　　P는 알고리즘인가?

이상의 논의를 정리하면 앞에서 설명한 「인쇄 기계가 정상인지를 판정하는 문제」가 계산 불능임을 증명하는 경우 「알고리즘 판정 문제」가 계산 불능임을 증명하면 됩니다.

13-4 낙관주의자와 비관주의자

"수리한다" 또는 "계산한다"라는 용어는 전문 용어인데 직관적으로 어렵게 느껴집니다. 그래서 이하에서는 다음과 같이 바꾸어 설명하겠습니다. A를 집합이라고 합니다.

A를 계산하는 기계를 **완벽주의자**, A를 수리하는 기계를 **낙관주의자**, A의 여집합을 수리하는 기계를 **비관주의자**라고 부르겠습니다. 완벽주의자는 임의의 입력에 대해서 응답하지만 낙관주의자는 대답이 yes일 경우에만, 비관주의자는 대답이 no일 경우에만 응답합니다. 예를 들어 낙관주의자는 보물을 찾아 헤매는 탐험가라고 생각하면 됩니다. 만약, 보물이 존재한다면 언젠가는 보물을 발견하고 탐험이 종료되지만 보물이 없으면 영원히 탐색을 합니다. 비관주의자는 의사입니다. 질병이 있다고 생각하여 여러 가지 검사를 반복합니다. 질병이 발견되면 종료되지만 환자가 건강한 경우에는 계속해서 질병을 찾습니다. 문제 A가 계산이 가능하다는 것은 A를 푸는 알고리즘이 존재하는 것, 바꿔 말하면 A를 푸는 **완벽주의자**가 있는 문제입니다. 문제 A가 귀납적 가산이라는 것은 A를 수리하는 기계가 존재하는 것, 즉 A를 푸는 **낙관주의자**가 있는 것입니다. A의 보조 문제 A^c가 귀납적 가산인 것은 A를 푸는 **비관주의자**가 있다는 것입니다.

문제의 클래스 Σ와 Π(파이)를 다음과 같이 정의합니다.

> Σ : 귀납적 가산인 문제 전체로 이루어진 클래스
> Π(파이) : 보조 문제가 귀납적 가산인 문제 전체로 이루어진 클래스

문제 전체로 이루어진 클래스는 2^N으로 나타냅니다. 위에서 설명한 용어를 사용하면 다음과 같이 됩니다.

> Σ : 낙관주의자의 세계
> Π : 비관주의자의 세계
> $\Sigma \cap \Pi$: 완벽주의의 세계

A를 $\Sigma \cap \Pi$의 원소라고 합니다.

$\Sigma \cap \Pi$: 완벽주의 세계

이것은 Chapter 12에서의 정리 D(Thm.005)와 동일합니다.

먼저 설명한 바와 같이 2^N은 연속 농도, 즉 셀 수 없을 만큼 많이 있습니다. 한편, **while** 프로그램은 문자열로 표시되며, 문자열 전체로 이루어진 집합은 사전식 순서로 일렬로 정렬할 수 있습니다. 따라서 **while** 프로그램 전체로 이루어진 집합은 가산입니다. 다시 말하면 프로그램은 셀 수 있을 만큼만 있습니다. Σ의 각 원소 A에는 A를 수리하는 프로그램이 존재합니다. 즉, Σ는 가산 집합입니다. 마찬가지로 Π도 가산 집합입니다. 따라서 $\Sigma \cup \Pi$은 가산 집합입니다. 그러므로 $\Sigma \cup \Pi$에 속하지 않는 문제가 얼마든지 있다는 것을 알 수 있습니다. 다음은 13-3에서 설명한 알고리즘 판정 문제(즉, 인쇄 기회의 정상성 판정 문제)가 $\Sigma \cup \Pi$에 속하지 않는 것을 나타냅니다.

13-5 수학의 논리 구조

논리 연산자 $\wedge$, $\vee$, $\sim$ 만을 사용하여 구성된 논리식은 비교적 간단하지만 고학년으로 가면 $\forall$라든지 $\exists$를 사용한 논리식을 배웁니다. ==$\forall x$를 전칭 기호, $\exists x$를 존재 기호==라고 합니다. $\forall x$는 영어의 all이라든지 any에 대응하고, $\exists x$는 some에 대응하므로 ==양 한정사==라고도 합니다. 이러한 양 한정사가 붙은 논리식은 의미가 훨씬 어려워지고, 수학도 어려워집니다.

예제를 통해서 살펴보겠습니다. LIKE(x, y)를 다음과 같은 의미인 두 변수의 명제라고 하겠습니다.

$$LIKE(x, y) \Leftrightarrow x\text{는 } y\text{를 좋아한다.}$$

LIKE에 $\exists x, \exists y, \forall x, \forall y$ 등을 넣으면 1변수의 명제가 됩니다. 의미는 다음과 같습니다.

$$\exists x. LIKE(x, y) \Leftrightarrow y\text{를 좋아하는 사람이 있다.}$$
$$\exists y. LIKE(x, y) \Leftrightarrow x\text{에게는 좋아하는 사람이 있다.}$$
$$\forall x. LIKE(x, y) \Leftrightarrow y\text{를 모두가 좋아한다.}$$
$$\forall y. LIKE(x, y) \Leftrightarrow x\text{는 모두를 좋아한다.}$$

이와 같이 한정사가 하나 붙으면 2변수의 명제가 1변수의 명제가 됩니다. 또한, 2변수의 명제 LIKE(x, y)의 변수 x 또는 y에 상수(인물)를 대입해도 1변수의 명제가 됩니다. 예를 들어 LIKE(철수, x)라든지 LIKE(x, 철수) 등은 1변수의 명제이고, x에 인물(상수)을 대입하면 참 또는 거짓이 정해집니다. 부정에 대해서도 한 번 생각해 보겠습니다.

$$\exists y. LIKE(x, y) \Leftrightarrow x\text{에게는 좋아하는 사람이 있다.}$$

부정은 다음과 같습니다.

$$\forall y. \sim LIKE(x, y) \Leftrightarrow x\text{는 아무도 좋아하지 않는다.}$$

(이 명제가 참의 값을 갖는지, 거짓의 값을 갖는지는 대상으로 하는 사람의 집합과 그것들 사이의 관계에 LIKE가 정해져 있어야 합니다. 여기에서는 이러한 논리식의 정확한 설명은 생략합니다. 대략적인 느낌만 이해하면 됩니다.)

「x는 y를 좋아한다」라는 명제는 쉽게 판단할 수 있다고 하겠습니다. 그렇다고 해도 「철수는 좋아하는 사람이 있다」라든지 「철수는 모두에게 사랑을 받고 있다」 등의 명제는 대상이 되는 사람 전원에게 확인해야 하고, 판단하는데 시간이 걸릴 것입니다.

이후에는 「양 한정사가 붙으면 계산이 어려워질 수 있다」는 것을 이론적으로 증명합니다.

10-6에서 3변수의 명제 STEP(P, x, k)를 살펴보았습니다. 또한, 2변수의 명제 HALT(P, x)와 ALG(P)도 생각합니다. 이러한 명제의 의미는 다음과 같이 나타납니다.

$STEP(P, x, k) \Leftrightarrow$ P는 입력 x에서 k 단계로 정지한다.
$HALT(P, x) \Leftrightarrow$ P는 입력 x에서 정지한다.
$ALG(P) \Leftrightarrow$ P는 알고리즘이다.

설명을 쉽게 하기 위해서 이러한 식의 우측(즉, ⇔ 오른쪽)에는 다음의 조건이 생략되어 있다고 생각합니다.

P는 **while** 프로그램의 코드이다.

그러면 다음이 성립됩니다.

$$HALT(P, x) \Leftrightarrow \exists k.\ STEP(P, x, k) \quad ①$$
$$\sim HALT(P, x) \Leftrightarrow \forall k.\ \sim STEP(P, x, k) \quad ②$$
$$ALG(P) \Leftrightarrow \forall x.\ HALT(P, x)$$
$$\Leftrightarrow \forall x.\ \exists k.\ STEP(P, x, k) \quad ③$$

이렇게 3가지 논리식을 일상 언어로 바꾸면 다음과 같이 됩니다.

① 프로그램 P가 입력 x에서 정지하는 필요 충분 조건은 자연수 k가 존재하고, P가 입력 x에서 k 단계 이내에 중지하는 것이다.

② 프로그램 P가 입력 x에서 멈추지 않기 위한 필요 충분 조건은 임의의 자연수 k에 대하여 P가 입력 x에서 k 단계에 멈추지 않는 것이다.

③ 프로그램 P가 알고리즘인 필요 충분 조건은 P가 임의의 입력에서 정지하는 것 즉, 임의의 입력 x에 대하여 자연수 k가 존재하고, P가 k 단계에서 중지하는 것이다.

STEP(P, x, k)는 계산이 가능했습니다. 따라서 이것의 부정 ~STEP(P, x, k)도 계산이 가능합니다. STEP(P x, k)에 존재 기호 ∃k가 붙은 HALT(P, x)는 계산이 가능하지 않습니다. 따라서 계산이 가능한 명제에 존재 기호가 붙으면 계산이 불가능하다는 것을 알 수 있습니다. 또한, 정지 문제의 보조 문제 ~HALT(P, x)는 귀납적 가산이 아닙니다. 이것으로 계산이 가능한 명제에 전칭 기호 ∀k가 붙으면 귀납적 가산이 아니라는 것을 알 수 있습니다.

다음은 직관적인 설명이지만 이론의 분위기를 알기 위해 낙관주의자와 비관주의자로 바꿔서 이야기를 해 보겠습니다.

① 완벽주의자에게 「이 사람은 어린이입니까?」라고 질문을 하겠습니다. 어린이일 경우는 「네, 어린이입니다」라고 대답하고, 어린이가 아니면 「어린이가 아닙니다」라고 대답합니다. 낙관주의자는 어린이를 찾을 때까지 계속 질문을 합니다.

② 완벽주의자에게 검사를 의뢰합니다. 비관주의자인 의사는 질병을 찾을 때까지 검사를 반복합니다. 질병이 발견되면 비로소 「no(건강하지 않음)」라고 대답합니다.

이야기에서 알 수 있듯이 존재 기호 ∃가 붙은 계산이 가능한 명제는 이러한 방법으로 실현되면서 낙관주의자가 됩니다. 비관주의자에 대해서도 마찬가지입니다.

다음으로 ③의 알고리즘 판정 문제 ALG에 대해서도 자세히 살펴보겠습니다. ALG는 정지 문제 HALT나 보조 문제 ~HALT보다 어려울 것 같이 보입니다. 이것은 실제로 얼마나 어려울까요? 생각해 보겠습니다.

> **정리** **알고리즘 판정 문제 ALG**　　　　　Thm-011
>
> 알고리즘 판정 문제에 대한 낙관주의 기계는 존재하지 않는다.

　알고리즘 판정 문제를 푸는 「낙관주의자의 기계」 ALG가 있다고 가정해서 모순을 도출하겠습니다. 먼저, 프로그램의 정지 문제에 관해서는 다음이 성립합니다.

$$HALT(P, x) \Leftrightarrow \exists k. \, STEP(P, x, k)$$

따라서 정지 문제의 보조 문제 ~HALT에 관해서는 다음이 성립합니다.

$$\sim HALT(P, x) \Leftrightarrow \forall k. \sim STEP(P, x, k)$$

　즉, 「P가 x에서 정지하지 않는다」 ⇔ 「임의의 k에 대해 P는 x에서 k 단계 이내에 정지하지 않는다」가 성립합니다.

　낙관주의자 ALG를 사용하면 정지 문제의 보조 문제가 낙관적으로 풀려 버리는 것(즉, 정지 문제가 비관적으로 풀려 버리는 것)을 나타냅니다.

　⟨P, x⟩를 정지 문제에 대한 입력이라고 하겠습니다. 이러한 P와 x로 프로그램 P_x를 구성합니다. P_x의 구성은 명제 STEP으로 생각한 프로그램과 거의 같습니다. 단, P_x의 입력은 x가 아닌 중단 시간 k라고 하겠습니다. x는 P_x 프로그램의 상수로서 프로그램에 입력합니다. P_x는 P를 k 단계만큼 모방합니다. k 단계 이내에서 P가 정지해 버리면 P_x는 무한 루프에 들어갑니다. k 단계에서 P가 정지하지 않을 경우에 P_x는 정지합니다. 즉, P_x는 P와 정지에 대해서 반대의 행동을 합니다.

즉, 다음을 성립하게 합니다.

> P는 x에서 k단계 이내에 정지하지 않는다. ⇔ P_x는 입력 k에서 정지한다.

주어진 P와 x에 따라 이러한 프로그램 P_x를 구성하는 기계를 M이라고 합니다. M을 사용하여 ⟨P, x⟩에 따라 P_x를 구성하고, ALG에 전달하면 정지 문제의 보조 문제가 낙관적으로 풀려 버립니다.

> P는 입력 x에서 정지하지 않는다.
> ⇔ 임의의 n에 대해 P는 x에서 n단계 이내에는 정지하지 않는다.
> ⇔ 임의의 n에 대해 P_x는 입력 n에서 정지한다.
> ⇔ P_x는 알고리즘이다.

정리   알고리즘 판정 문제   Thm-012

알고리즘 판정 문제에 대한 비관주의 기계는 존재하지 않는다.

알고리즘 판정 문제가 정지 문제보다 어렵다는 것을 직관적으로 알 수 있지만 정형화된 증거를 제시해 두겠습니다. 이것도 알고리즘 판정 문제를 비관적으로 푸는 「비관주의」의 ALG^c가 있다고 가정해서 모순을 도출합니다. ⟨P, x⟩를 정지 문제의 입력이라고 하겠습니다. P와 x에 따라 프로그램 P_x를 다음과 같이 구성합니다. P_x는 x를 프로그램 상수로 하고, 그 대신 가짜의 입력 y를 가집니다. 입력 y는 P_x에 대해서 아무런 영향도 주지 않습니다. 그러면 다음이 성립합니다.

P는 입력 x에서 정지하지 않는다.
　⇔ P_x는 임의의 입력 y에서 정지하지 않는다.
　⇔ P_x는 어떠한 입력 y에서 정지하지 않는다.
　⇔ P_x는 알고리즘이 아니다.

ALG는 알고리즘 판정 문제를 비관적으로 풀이합니다. ALG를 사용하면 프로그램의 정지 문제가 비관적으로 풀려 버립니다. 이것은 모순입니다.

위의 두 가지 정리에 따라 앞에서 설명한 인쇄 기계의 정상성 판정 문제가 계산이 불가능하다고 말할 수 있습니다. 단순히 완벽주의 기계가 존재하지 않을 뿐만 아니라 낙관주의 프로그램도, 비관주의 프로그램도 존재하지 않습니다.

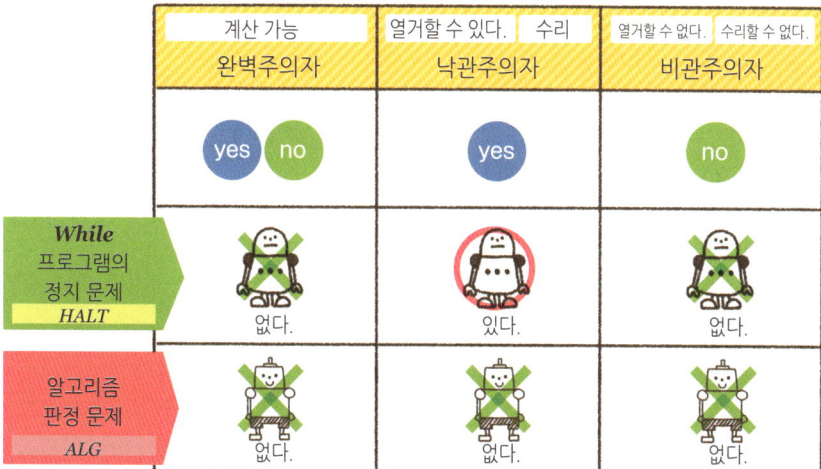

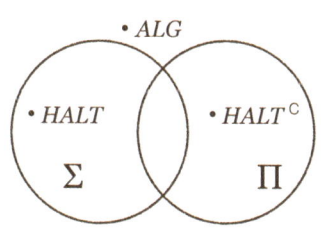

13-6 수학 논리의 구조

 Chapter 12와 Chapter 13에서 설명한 것은 "수학의 논리 구조"와 깊은 관계가 있습니다. 지금까지 여러분은 "기계"라는 것을 "현재 컴퓨터"의 모델로 생각하고 있었지만 "기계"를 좀더 크고 장대한 것이라고 생각해 봅시다. 즉, 여기에서의 기계는 「현대 수학」을 포함한 거대한 인공지능으로 현대 수학에서 증명할 수 있는 어떤 명제도 이러한 인공지능에게 물어보면 대답해 준다고 하겠습니다. (이 책에서는 계산에 필요한 계산 시간과 저장 용량에 대해서는 고려하지 않습니다. "계산할 수 있다"는 것을 논의하는 것이 아니라 "계산할 수 없다"는 것을 논의하고 있습니다. 따라서 시간과 저장 용량에 제한이 없다고 하겠습니다.)

 또한, 이러한 인공지능은 나날이 똑똑해 지는 기계이며, 새로운 발견을 하면 그것을 "규칙"으로 받아들입니다. 그러나 이러한 인공지능도 결코 대답할 수 없는 문제가 있습니다. 앞에서 설명한 **알고리즘 판정 문제**가 그 중 하나입니다. 아무리 인공지능이 학습을 하고 똑똑해 진다고 해도 어떤 *while* 프로그램 P가 존재할 때 「P는 알고리즘이다」 또는 「P는 알고리즘이 아니다」라고 대답할 수 없기 때문입니다. 이것은 궁극의 인공지능이 할 수 없는 것이 아니라 현대 수학에서도 또한 미래의 수학에서도 할 수 없는 것입니다. 어떤 규칙을 덧붙여서 지금까지 할 수 없었던 「P는 알고리즘이다」가 증명되거나 「P는 알고리즘이 아니다」라는 것을 증명할 수 있을지도 모릅니다. 그러나 그렇다고 해도 새로운 *while* 프로그램 P'가 존재할 때 P'에 대한 알고리즘인지 아닌지는, 확장된 수학에서도 판정할 수 없습니다. 이것은 계속 이어져서 "완전"해 질 수 없는 것입니다. 이것이 「**괴델의 불완전성 정리**」의 대략적인 설명입니다.

13-7 총정리

지금은 기계(컴퓨터)가 인간을 대신하여 여러 가지 복잡한 문제를 풀면서 현대 사회에서 없어서는 안 될 존재가 되었습니다. 특히, 인공지능에 대해서는 지금도 일취월장으로 발전해 가고 있습니다. 그 발전의 근본에는 **튜링 기계의 수학적 모델**이 있습니다. 더욱이 「기계로 계산할 수 있는 문제인지 아닌지」라는 문제 자체를 연구대상으로 확대해 보면 이번에는 「문제를 푸는 알고리즘 자체가 없는 문제」도 있다는 것을 알 수 있습니다. 알고리즘이 없는, 즉 **계산할 수 없는 문제**가 존재한다는 것은 언뜻 보면 수학의 한계를 의미하는 것처럼 들리고, 부정적으로 느껴지는 독자들도 있을 것입니다. 그러나 이것은 결코 실망스러운 발견이 아닙니다. 산을 등반하면 새로운 풍경이 펼쳐져 있는 것처럼 당시 알고리즘을 연구하고 있던 수학자들이 정상까지 도달했을 때 지금까지 알 수 없었던 새로운 수학의 세계가 펼쳐져 있었던 것입니다. 지식을 탐구하는 사람들에게 있어서 이 이상의 희열이 있을까요? 아직도 새로운 발견이 있을지도 모른다는 낭만적인 분야로 느껴지면서 좀더 모험심을 불러 일으켰을 것으로 생각됩니다.

후기

저는 직업상 이론서보다 기술서를 많이 읽습니다. 처음 계산기 이론의 기초 이야기를 들었을 때는 「이것이 무엇에 도움이 되는지」, 「지금의 컴퓨터에 어떻게 활용되고, 앞으로 어떻게 발전해 나갈 것인가」라는 것에만 궁금증을 가졌습니다. 실제로 일을 하는데 스피드가 요구되거나 일을 수행하는 능력이 요구되는 경우가 많고, 그런 생활에 익숙해져 있었습니다. 지금 생각해 보면 장애물은 거기에 있었다고 생각됩니다. 스스로 새로운 지식을 얻는 것에 브레이크를 걸어 버리고 있었던 것입니다. "내일 당장 실무에서 사용할 수 없는 지식은 지금 알아둬도 쓸모가 없다"라고 무의식적으로 차단해 버리고, 머리가 받아 들이려고 하지 않습니다. 그리고 그것은 저뿐만 아니라 많은 사람들이 같을 것입니다. 하지만 음악이나 영화, 스포츠 분야는 어떨까요? 영화를 보았다고 일에 도움이 되지는 않지만 그 영화의 세계에 빠지는 경우는 종종 있습니다. 음악에 몰두하는 사람도 많이 있지만 다음 날 무엇인가에 도움이 되기 위해서 하는 것은 아닐 것입니다. 「계산 이론 분야도 실은 그것과 같은 것이 아닐까? 이론은 유용한지 유용하지 않은지 같은 타산적인 것이 아니라 지식을 탐구하는 것 자체가 재미있고 즐거운 것일지도 모릅니다.」 실제로 수학의 계산기 이론에 매료된 수학자들이 열중하여 이러한 분야를 연구하고, 하나씩 하나씩 업적을 쌓아서 현재의 수학이 만들어졌습니다. 이렇게 다시 생각한 후에는 "무엇에 도움이 되는지"가 아니라 「이 정리의 어느 부분이 당시의 수학자를 놀라게 했는지」, 「어느 부분을 이해하면 이러한 정리의 재미를 알 수 있는지」라는 것에 관심이 생겼습니다.

적어도 거부하지 않고, 좀더 깊게 알고 싶다고 생각하게 되었습니다.

새로운 분야에 흥미를 느끼기 위해서는 어떤 분야도 마찬가지겠지만 지식과 기술의 토대를 만드는데 나름의 노력과 끈기가 필요합니다. 반대로 말하면 노력과 끈기가 필요하다고 생각하는 시기는 아직 초석 단계이고, 그것이 서서히 중독되어 먹고 자는 것도 잊고 몰두하게 된다면... 그것은 더 이상 노력이라고 말하지 않고, 연구가가 되어가는 것이라고 생각합니다. 솔직히 말하면 저에게 이 책을 집필하는 것은 노력과 끈기의 연속이었습니다. 몇 번이나 포기하려고 하면서도 해당 분야에 매력을 느껴 열중해서 연구해 온 많은 선조들이 있다는 사실이 저를 이끌어 주고, 한걸음 한걸음 앞으로 나아갈 수 있게 해 주었습니다.

본문에서도 여러 번 언급되지만 「이론」과 「기술」 사이에는 약간의 거리가 있습니다. 이론상 할 수 없는 것은 기술적으로도 반영시킬 수 없으며, 또 반대로 기술이 동반되지 않은 것을 논의해도 탁상공론이라는 말을 듣습니다. 그 점에서 이러한 두 가지는 정확히 일치하지는 않지만 어느 쪽을 전문으로 하고 있는 분(혹은 앞으로 전문으로 하려고 생각하고 있는 분)도 처음부터 거부하지 말고 조금씩 나아가 알아 보았으면 합니다. 거기에는 생각지도 못했던 재미가 숨어 있을지도 모르니까요.

TURING NO KANGAERU KIKAI JINKOCHINO NO CHICHI NI MANABU COMPUTER SCIENCE NO KISO by Ayame Abe, Takumi Kasai

Copyright © 2018 Ayame Abe, Takumi Kasai

All rights reserved.

Original Japanese edition published by Gijutsu-Hyoron Co., Ltd., Tokyo

This Korean language edition published by arrangement with Gijutsu-Hyoron Co., Ltd., Tokyo in care of Tuttle-Mori Agency, Inc., Tokyo through Imprima Korea Agency, Seoul.

이 책의 한국어판 출판권은

Tuttle-Mori Agency, Inc., Tokyo와 Imprima Korea Agency를 통해 Gijutsu-Hyoron Co., Ltd.와의 독점 계약으로 위즈플래닛에 있습니다.

저작권법에 의해 한국 내에서 보호를 받는 저작물이므로 무단 전재와 무단 복제를 금합니다.

아베 아야메(Abe Ayame) - Liltondesign
오사카 대학교 공학부를 졸업한 후 동 대학 대학원에 진학. 창조사의 디자인 전문학교에서 광고 디자인을 전공, 광고 제작회사에서 그래픽 디자이너로 근무. 현재는 독립하여 프리랜서로 활동.
http://liltondesign.com/

카사이 타쿠미(Kasai Takumi) - 전기 통신 대학 명예 교수
교토 대학교 수리 해석 연구 조교, 전기 통신 대학 컴퓨터 과학 조교수, 동 대학 정보 공학과 교수를 거쳐 현재는 명예 교수. 저서로는 『계산량 이론』, 『계산 이론』 등이 있다.

튜링의 생각하는 기계

인공지능(AI)의 아버지에게 배우는 컴퓨터 과학의 기초

초판 1쇄 인쇄 | 2019년 5월 1일
초판 1쇄 발행 | 2019년 5월 7일

지은이 | Abe Ayame, Kasai Takumi (공저)
옮긴이 | 이아름
펴낸이 | 김휘중
펴낸곳 | 위즈플래닛
주　소 | 서울시 양천구 목동동로 233-1 드림타워, 1307호
　　　　경기도 고양시 일산서구 덕산로195 114-3(물류-신한전문서적)
전　화 | (직통) 070-8955-3716 / (주문) 031-919-9851
팩　스 | 031-919-9852
등　록 | 2012년 7월 23일 제2012-25호
정　가 | 16,000원
ISBN | 979-11-88508-12-9　13000
인스타그램 | www.instagram.com/wizplanet_book/
페이스북 | www.facebook.com/wizplanet